AF173493

نعت اور نعت گوئی

(مضامین)

مرتبہ:

غلام ربانی فدا

© Taemeer Publications LLC

Naat aur Naatgoi *(Essays)*

by: Ghulam Rabbani Fida

Edition: August '2024

Publisher :

Taemeer Publications LLC (Michigan, USA / Hyderabad, India)

ISBN 978-93-5872-714-2

9 789358 727142

© تعمیر پبلی کیشنز

کتاب	:	نعت اور نعت گوئی (مضامین)
مرتب	:	غلام ربانی فدا
جمع و ترتیب / تدوین	:	اعجاز عبید
صنف	:	غیر افسانوی نثر
ناشر	:	تعمیر پبلی کیشنز (حیدرآباد، انڈیا)
سالِ اشاعت	:	۲۰۲۴ء
صفحات	:	۸۴
سرورق ڈیزائن	:	تعمیر ویب ڈیزائن

فہرست

نعت زندگی ہے

غلام ربانی فداؔ

نعت ہماری روح کی غذا ہے، نعت ہی سے زندگی عبارت ہے، نعت شامِ غم کے ماروں کو صبحِ مسرت عطا کرتی ہے، نعت صرف فن ہی نہیں عبادت بھی ہے، نعت ہی سے دنیا میں عزت بھی اور آخرت میں اعجاز بھی۔ نہ معلوم کس کی نعت بارگاہِ خیر الانام ﷺ میں مقبول ہے، اسی لیے ہر شاعر نے نعت نبی ﷺ کو اپنایا ہے، سارا قرآنِ مقدس جہانِ نعت ہے۔ نعت کی روایت درود و سلام سے عبارت ہے۔ آج کل نعت میں بے احتیاطی اور غلو عام ہے، ہر چھوٹا بڑا شاعر نعت کہہ رہا ہے۔ اکثر نعتیں شرعی و شعری گرفت میں آتی ہیں۔

مَیں لکھوں روز اک نعت شاہِ ہدیٰ ہے تمنا یہ برسوں سے خیر الوریٰ
نعت کی ہو صدی، یہ صدی، یہ صدی یا نبی، یا نبی، یا نبی
(فرحت حسین خوشدلؔ)

اکیسویں صدی کے آغاز ہی سے یہ بات روشن ہو گئی ہے کہ ادبی طور پر یہ صدی نعت کی صدی ہو گی۔ بہت دنوں کی بات نہیں جب سوالیہ انداز میں کہا جاتا تھا کہ کیا نعت ایک صنفِ سخن ہے؟ اور آج یہ بات پورے وثوق کے ساتھ کہی جاتی ہے کہ نعت ہر صنفِ سخن میں موجود ہے اور خود ایک مستقل صنفِ سخن ہے۔

نعت پر ہمارے پڑوسی ملک میں بہت کام ہو رہا ہے۔ میرا اپنا خیال ہے کہ وہاں کی نعتیہ شاعری موضوعات اور طرزِ اظہار دونوں حیثیتوں میں بھارت سے بہت آگے ہے۔ نعت رنگ، سفیرِ نعت اور نعت جیسے رسائل نعت کی فضا ہموار کرنے میں شب و روز مصروفِ عمل ہیں۔ بہت دنوں سے ہندوستان میں بھی ایسے رسالے کی کمی محسوس ہو رہی تھی۔ مَیں نے اکثر احباب کی توجہ اس جانب دلائی، مگر بے سود۔

بالآخر مجبوراً اس خاموشی کو توڑتے ہوئے خود مجھے ہی قدم بڑھانا پڑا۔ اپنی کم مائیگی اور بے بضاعتی کا خوب احساس ہے۔ نام و نمود کی پرواہ نہ ہی مادّی وسائل کے حصول کی تمنا۔ بس اتنی سی آرزو ہے کہ خدامِ نعت کی فہرست میں کہیں اپنا بھی نام ہو اور یوسف کے خریداروں میں میرا بھی شمار ہو جائے۔

✲✲✲

اردو نعتیہ شاعری میں موضوع روایات

محمد شہزاد مجددی

ہمارے نعت گو شعرائے کرام نے سیرت و شمائل پر مبنی مضامین کو بھی اپنے اشعار کی زینت بنایا ہے اور بعض خوش نصیبوں نے تو میلاد ناموں، معراج ناموں اور سیرتِ طیبہ کو بھی نظم کی صورت میں لکھنے کا اہتمام کیا ہے، یہ اَمر جہاں بعض حوالوں سے لائقِ ستائش ہے، وہاں ایک جہت سے باعثِ تشویش بھی ہے کہ ایسے نعت گو اور مدح گستر حضرات جو بذاتِ خود ایسی علمی استعداد کے حامل نہیں تھے کہ احادیث کی روایت و درایت کے اُصول پر جانچ سکیں اور مرویات کے صحیح و سقیم کا اندازہ لگا سکیں۔ بلا تردّد ہر قسم کے مضامین کو منظوم کرتے رہے اور ذخیرۂ نعت میں غیر ثقہ اور وضعی حکایات و واقعات کا انبار جمع ہوتا رہا۔ شاید اس کا ایک بنیادی سبب یہ بھی ہو کہ اکثر نعت گو شعرا کا ماخذ صدری روایات اور فضائل پر مبنی ایسے مواعظ تھے جنھیں اس زمانے میں حرفِ آخر کا درجہ حاصل تھا۔ اُس دور میں کتبِ حدیث اور اوّلین ماخذ تک رسائی تو ہندستان کے اکابر علما اور محققین کے لیے بھی جوئے شیر لانے کے مترادف تھی۔ چناں چہ اس پس منظر میں موضوع اور جعلی روایات و حکایات کا نعتیہ شاعری میں دَر آنا بعید از امکان نہ تھا۔

اردو نعتیہ شاعری میں بہ کثرت پائے جانے والے ایسے مضامین میں سے ایک معروف مضمون واقعۂ معراج میں حضور اقدس ﷺ کے نعلین سمیت عرشِ معلیٰ پر

تشریف لے جانے سے متعلق ہے۔ اس کا مفہوم کچھ یوں ہے کہ جب سرکارِ دوعالم ﷺ نے عرشِ الٰہی کی طرف عروج فرمایا تو اللہ تعالیٰ کے اس فرمان کے پیشِ نظر جو موسیٰ علیہ السلام سے کہا گیا تھا:

اے موسیٰ اپنے جوتے اُتار دو کیوں کہ تم وادیٔ طویٰ میں ہو* ۱

آپ نے بھی نعلین اُتارنے کا ارادہ فرمایا لیکن ارشاد ہوا:

یا محمد! لا تخلع نعلیک لتشرف السماء بھما۔

ترجمہ: اے محمد ﷺ! تم اپنے نعلین نہ اُتارو تا کہ آسمان اِن سے شرف حاصل کرے۔

علامہ عبد الحئ لکھنوی رحمۃ اللہ علیہ نے اس روایت کو ان الفاظ سے نقل کیا ہے:

یا محمد لا تخلع نعلیک فان العرش یتشرف بقدومک متنعلا و یفتخر علی غیرہ متبرکا فصعد النبی ﷺ الی العرش وفی قدمیہ نعلان و حصل لہ لذلک عزوشان۔* ۲

ترجمہ: اے محمد ﷺ! اپنے نعلین مت اُتارو بے شک عرش تمھارے قدموں کے جوتوں سمیت آنے سے مشرف ہوگا اور اس سے برکت حاصل کر کے اپنے غیر پر فخر کرے گا، پس آپ عرش پر چڑھ گئے (اس حال میں) کہ آپ کے پاؤں میں نعلین تھے اور اس وجہ سے آپ کو شان و عظمت حاصل ہوئی۔

علامہ لکھنوی رحمۃ اللہ علیہ فرماتے ہیں:

اس قصے کا تذکرہ اکثر نعت گو شعرا نے کیا ہے اور اسے اپنے تالیفات میں درج کیا ہے اور ہمارے زمانے کے اکثر واعظین اسے طوالت و اختصار کے ساتھ اپنی مجالسِ وعظ میں بیان کرتے ہیں۔ جب کہ شیخ احمد المقری نے اپنی کتاب "فتح المتعال فی مدح النعال" میں علامہ رضی الدین قزوینی اور محمد بن عبد الباقی زرقانی رحمۃ اللہ علیہ نے "شرح

مواہب اللدنیہ" میں زور دے کر وضاحت کی ہے کہ یہ قصہ مکمل طور پر موضوع ہے۔ اللہ تعالیٰ اس کے گھڑنے والے کو برباد کرے۔ معراج شریف کی کثیر روایات میں کسی ایک روایت سے بھی یہ ثابت نہیں ہے کہ نبی کریم ﷺ اس وقت پاپوش پہنے ہوئے تھے۔ *۳

سرکارِ دو عالم ﷺ کے نعلین شریفین کی فضیلت و عظمت کے حوالے سے لکھی جانے والی ایک اہم اور حوالے کی کتاب "فتح المتعال فی مدح النعال" ہے جس کے مؤلف علامہ احمد المقری التلمسانی رحمۃ اللہ علیہ (۱۰۹۲/۱۰۴۱ھ)۔ (اس کتاب کا اردو ترجمہ مفتی محمد خان قادری اور مولانا محمد عباس رضوی کی مشترکہ کاوش کے نتیجے میں شائع ہو چکا ہے۔

امام احمد المقری نے اس کتاب میں بعض عرب شعرا کے ایسے نعتیہ اور مدحیہ قصائد نقل کیے ہیں جن میں عرش پر نعلین سمیت جانے کا تذکرہ بڑے والہانہ انداز سے کیا گیا ہے، مثلاً:

یاناظراً تمثال نعل نبیہ
قبل مثال نعالہ متذللا

اے نبی ﷺ کے نقشِ نعلین کی زیارت کرنے والے! ان کے نقشِ نعل کو عاجزی سے بوسہ دے۔

واذکر بہ قدماعلت فی لیلۃ
الاسراءبہ فوق السموات العلی

اور اس بات کو یاد رکھ کہ یہ نعلین حضور ﷺ کے ساتھ معراج کی رات آسمانوں کی بلندی سے اوپر تک گئے تھے۔

شیخ المقری کا تبصرہ

مؤلف "فتح المتعال" فرماتے ہیں:

مذکورہ کلام سے معلوم ہوتا ہے کہ حضور ﷺ کو معراج نعلین سمیت ہوا۔ اس کی تصریح شیخ السبتی وغیرہ نے بھی کسی جگہ کی ہے اور یہ اضافہ بھی کیا ہے کہ آپ نے نعلین اُتارنے کا ارادہ کیا تو آواز آئی کہ انھیں نہ اُتارو۔ شیخ ابوالحسن علی بن احمد الخزرجی نے بھی اس کی اتباع کی ہے۔ لیکن تلاش بسیار کے باوجود مجھے کتب حدیث میں اس کی تائید نہیں ملی، تو درست یہی ہے کہ اسے چھوڑ دیا جائے جب کہ یہ آپ تک پایۂ ثبوت کو نہیں پہنچی اور اس طرح کی روایات کو بغیر معلومات کے بیان نہیں کرنا چاہیے۔ بعض حفاظِ حدیث نے اس کا سخت انکار بھی کیا اور ایسی بات کرنے والوں پر طعن کیا ہے۔ اس معاملے میں محدثین کی اتباع متعین ہے۔ کیوں کہ وہ زیادہ آگاہ ہوئے ہیں۔ *۴

عجب بات یہ ہے کہ اس کتاب کے مقدمہ اور بعض تقریظات میں اس موضوع اور جعلی روایت کو نقل کر کے اس سے استشہاد کیا گیا ہے اور نعلینِ نبوی ﷺ کی فضیلت اس سے ثابت کرنے کی کوشش کی گئی ہے۔ مثال ملاحظہ ہو:

حضور ﷺ جب عرش پر تشریف لے گئے تو اپنے نعلین کو اُتارنے کا قصد کیا جس پر ربّ تبارک وتعالیٰ نے فرمایا کہ میرے حبیب ﷺ اپنے نعلین کے ساتھ عرش پر چلے آئیں۔۔۔ الخ

آگے پورا قصہ دہرایا گیا ہے۔ ایک عربی شعر لکھا ہے جس کا ترجمہ درج ذیل ہے:

موسیٰ علیہ السلام کو طور کے قریب جوتے اُتارنے کا حکم دیا گیا جب کہ احمد مجتبیٰ ﷺ کو سرِ عرش بھی یہ رخصت نہ ملی۔ *۵

اسی کتاب کے ایک فاضل تقریظ نگار نے اپنی تحریروں میں اس من گھڑت اور

وضعی روایت کو بڑے اہتمام سے جگہ دی ہے۔ (ملاحظہ ہو: ۹۳)

ایک اور معتبر اہلِ قلم شخصیت نے علامہ یوسف بن اسماعیل نبہانی کے عربی اشعار نقل کرنے کے بعد اسی مضمون و مفہوم کا اعادہ کیا ہے۔ *۶

ایک بزرگ اور معروف تقریظ نگار نے اس جعلی اور موضوع روایت میں مزید اضافہ کرتے ہوئے لکھا ہے:

جنابِ الٰہی سے خطاب آیا کہ اے میرے حبیب ﷺ! آگے چلے آؤ۔ تب حضرت محمد ﷺ نے نعلین مبارک اُتارنی چاہی تو عرشِ مجید لرزہ میں آگیا۔۔۔ الخ

مزید لکھتے ہیں:

پس معلوم ہوا کہ جب آپ نے نعلین مبارک سمیت عرش پر قدم رکھے تو عرش کو قرار آگیا اور وہ پُرسکون ہو گیا اور اس کی عظمت بلند ہوئی۔ *۷

امام محمد بن عبد الباقی زرقانی رحمۃ اللہ علیہ "شرح مواہب" میں لکھتے ہیں:

وقد سئل الامام القزوینی عن وطء النبی ﷺ العرش بنعلہ و قول الرب جل جلالہ لقد شرف العرش بنعلہ یا محمد، ھل ثبت ام لا؟ فأجاب: اما حدیث وطء النبی ﷺ العرش بنعلہ، فلیس بصحیح ولا ثابت۔۔۔ الخ *۸

ترجمہ: اور جب امام رضی الدین قزوینی سے نبی علیہ الصلوٰۃ والسلام کے نعلین سمیت عرش پر خرام فرمانے اور اللہ تعالیٰ کے اس ارشاد: اے محمد! تحقیق عرش تیرے نعل سے شرف پائے" کے بارے میں پوچھا گیا کہ کیا یہ ثابت ہے یا نہیں؟ تو انھوں نے جواب دیا، جہاں تک حضور ﷺ کے نعلین سمیت عرش پر خرام فرمانے والی روایت کا تعلق ہے، تو یہ صحیح اور ثابت نہیں ہے۔

امام زرقانی لکھتے ہیں

بعض محدثین فرماتے ہیں:

جس شخص نے یہ روایت گھڑی ہے کہ آپ نعلین سمیت عرش پر چڑھے خدا اس کو غارت کرے کہ اس نے شدید بے حیائی کا مظاہرہ کیا ہے اور مؤذّبین کے سردار اور عارفین کے پیشوا (ﷺ) کے بارے میں ایسی جسارت کی ہے اور فرمایا کہ امام رضی الدین القزوینی کا جواب درست ہے۔ بلاشبہ اسرا و معراج کا قصہ طوالت و اختصار کے ساتھ تقریباً چالیس صحابہ رضی اللہ تعالیٰ عنہ سے مروی ہے، لیکن اُن میں سے کسی ایک کی روایت میں بھی اس بات کا ذکر نہیں ہے کہ نبی علیہ الصلوٰۃ والسلام کے پاؤں میں اس رات نعل تھی، یہ تو صرف بعض جاہل قسم کے قصہ گویوں کی شاعری میں ملتا ہے اور ان لوگوں نے عرش کا تذکرہ نہیں کیا بلکہ یہ کہتے ہیں، آپ بساط پر آئے اور جوتے اُتارنے کا ارادہ فرمایا تو صدا دی گئی کہ آج جوتے مت اُتاریں اور یہ باطل ہے، کیوں کہ پوری چھان بین کے باوجود ایسی کوئی روایت احادیث میں نہیں پائی گئی اور نہ ہی ایسا کسی حدیث صحیح حسن یا ضعیف میں وارد ہے کہ آپ سدرۃ المنتہیٰ سے آگے گئے ہوں۔ ٭9

امام زرقانی کا تبصرہ

اس مقام پر امام زرقانی رحمۃ اللہ علیہ فرماتے ہیں:

مگر ان محدث کے اس دعوے میں یہ تامل ہے کہ حضور ﷺ کا سدرۃ المنتہیٰ سے آگے جانا کسی صحیح، حسن اور ضعیف روایت میں وارد نہیں ہوا جب کہ ابن ابی حاتم نے حضرت انس رضی اللہ تعالیٰ عنہ سے نقل کیا ہے:

انہ ﷺ لما انتہی الی سدرۃ المنتہی غشیۃ سحابۃ فیہا من کل لون، فتأخر جبریل۔

کہ آپ جب سدرۃ المنتہیٰ تک پہنچے تو ایک ہمہ رنگ بادل نے آپ کو ڈھانپ لیا پس جبریل پیچھے رہ گئے۔

اور قزوینی جس کے قول کی تصویب اس محدث نے کی ہے، وہ بھی اس روایت کے منقول ہونے کا اعتراف کرتے ہیں:

فانماورد فی اخبار ضعیفۃ و منکرۃ۔ *۱۰

کہ یہ صرف ضعیف اور منکر روایات میں وارد ہوا ہے۔

علامہ عبد الحیٔ لکھنوی رحمۃ اللہ علیہ لکھتے ہیں:

ایسی ہی روایات میں سے وہ روایت ہے جو قصہ گو (واعظوں) میں مشہور ہے کہ نبی کریم صلی اللہ علیہ وسلم نے معراج کی رات نعلین سمیت سیر فرمائی، پھر جب آپ آسمان کی بلندیوں پر گئے اور عرشِ معلیٰ تک پہنچے تو آپ نے ادباً جوتے اُتارنا چاہے اور اللہ تعالیٰ کا موسیٰ علیہ السلام سے یہ فرمانا بھی پیشِ نظر تھا کہ (اے موسیٰ! اپنے جوتے اُتار دو، بے شک تم وادیٔ مقدس طویٰ میں ہو) تو ملک الاعلیٰ کی بلند بارگاہ سے ندا دی گئی: اے محمد! اپنے جوتے نہ اتارو بعض شعرا اور قصیدہ خوانوں نے بھی اس قصے کو اپنی شاعری اور مجموعوں میں ذکر کیا ہے، یوں یہ قصہ ان کے خواص و عوام میں پھیل گیا۔ *۱۱

علامہ لکھنوی رحمۃ اللہ علیہ چند عربی اشعار نقل کرنے کے بعد لکھتے ہیں:

میں نے جب یہ قصہ بعض واعظین سے سنا تو دل ہی دل میں کہا کہ اس معاملے کا واقعہ ہونا مصطفی کریم صلی اللہ علیہ وسلم کی بلندیِ شان کے باوصف کچھ بعید نہیں، بے شک اللہ تعالیٰ نے آپ کو تمام جہانوں پر فضیلت عطا فرمائی ہے اور زمینوں اور آسمانوں کو آپ کے قدموں سے مشرف کیا ہے تو کچھ بعید نہیں کہ آپ کو نعل سمیت معراج کرائی ہو اور آپ سے فرمایا ہو، اپنے جوتے مت اُتارو لیکن (پھر خیال آتا) کہ جو چیز کسی ضعیف روایت تک سے ثابت نہیں ہے ہمیں اسے بیان کرنے کی جرأت نہیں کرنی چاہیے، یہاں تک کہ میں امام احمد المقری اور دیگر علما کی آرا پر مطلع ہوا اور میرا تردّد چھوٹ گیا اور میرا

تحیر جاتا رہا اور میں نے برسرِ مجالس اعلان کیا کہ یہ قصہ موضوع، جعلی، من گھڑت اور اختلافی ہے۔

اعلیٰ حضرت محدث بریلوی رحمۃ اللہ علیہ سے بھی اس روایت کے بارے میں پوچھا گیا تھا۔ چناں چہ احکامِ شریعت میں ہے:

سوال: حضور اقدس ﷺ کا شبِ معراج عرشِ الٰہی پر نعلین مبارک سمیت تشریف لے جانا صحیح ہے یا نہیں؟

جواب: یہ محض جھوٹ اور موضوع ہے۔ واللہ اعلم * ۱۲

اسی تسلسل میں واقعۂ معراج سے متعلق چند دیگر موضوع روایات کی نشان دہی بھی مناسب معلوم ہوتی ہے جو قصہ گو قسم کے واعظین میں مشہور اور مقبول ہیں۔

مثلاً ایک بے اصل روایت وہ ہے جسے صاحبِ "مواہب اللدنیہ" نے درج ذیل الفاظ سے نقل کیا ہے:

قف یا محمد ان ربک یصلی۔ * ۱۳

اے محمد ﷺ! ٹھہرو بے شک تمھارا رب درود بھیج رہا ہے۔

اس روایت کے بارے میں الشیخ الامام محمد درویش الحوت (تلمیذ علامہ ابن عابدین بن شامی) لکھتے ہیں:

حدیث: قف فان ربک یصلی وانہ قیل لہ ذلک لیلۃ الاسراء باطل۔ * ۱۴

ترجمہ: حدیث: ٹھہرو بے شک تمھارا رب درود بھیج رہا ہے اور یہ کہ ایسا معراج کی رات نبی کریم ﷺ سے کہا گیا، باطل ہے۔

ایسے ہی معراج کے حوالے سے وہ روایت ہے جسے طبرانی نے سیّدنا عائشہ رضی اللہ عنہا سے نقل کیا ہے:

ترجمہ: آپ نے فرمایا: معراج کی رات جب میں نے آسمانوں کی سیر کی، تو میں جنت میں داخل ہوا پھر ایک ایسے جنتی درخت کے پاس ٹھہرا جس سے زیادہ خوب صورت درخت میں نے جنت میں نہیں دیکھا اور نہ ہی اُس سے زیادہ سفید، خوش بو دار اور نہ پھل کے لحاظ سے زیادہ پاکیزہ۔ چناں چہ میں نے اس کے پھلوں میں سے ایک پھل پکڑا اور کھا لیا تو وہ میری صلب میں نطفہ بن گیا۔ پھر جب میں زمین پر اُترا اور خدیجہ سے ملا تو وہ فاطمہ سے حاملہ ہو گئیں۔ *۱۵

امام قسطلانی رحمۃ اللہ علیہ اسے نقل کرنے کے بعد لکھتے ہیں:

اس میں یہ تصریح ہے کہ معراج سیّدہ فاطمہ رضی اللہ عنہا کی ولادت سے پہلے ہوئی، حالاں کہ ان کی ولادت اعلانِ نبوت سے تقریباً سات سال پہلے ہوئی اور بلاشبہ معراج کا واقعہ اعلانِ نبوت کے بعد کا ہے۔ (ایضاً)

شارح مواہب امام زرقانی رحمۃ اللہ علیہ لکھتے ہیں:

ترجمہ: قسطلانی رحمۃ اللہ علیہ کا یہ کہنا کہ یہ حدیث ضعیف ہے، اس سے مراد ضعیف کی سب سے بُری قسم ہے اور وہ موضوع ہے۔ پھر یقیناً ابن الجوزی، امام ذہبی اور حفاظ حدیث نے یہ صراحت کی ہے کہ یہ روایت موضوع ہے اور اگر چہ یہ عائشہ رضی اللہ عنہا سے متعدد طرق سے مروی ہے اور ابن جوزی نے اسے ابرادی کی سند سے ابن عباس رضی اللہ عنہ سے روایت کیا ہے اور وہ کذب، وضاع (حدیث گھڑنے والا) ہے اور حاکم نے مستدرک میں حضرت سعد بن ابی وقاص رضی اللہ عنہ سے روایت کیا ہے: امام ذہبی اپنی تلخیص میں کہتے ہیں، یہ صریح جھوٹ ہے اور یہ روایت مسلم بن عیسیٰ الصغاد کی گڑھی ہوئی ہے کیوں کہ فاطمہ رضی اللہ عنہا معراج تو کجا اعلانِ نبوت سے بھی پہلے پیدا ہوئی ہیں اور یہ اسی بات پر دلالت کرتا ہے کہ مصنف نے ضعیف سے مراد موضوع لیا ہے۔ *۱۶

اسی زمرے میں واعظین کی زبانوں پر جاری رہنے والی وہ روایت بھی ہے جسے "معارج النبوۃ" کے حوالے سے پڑھا، سُنا اور سُنایا جاتا ہے۔ اس روایت کا خلاصہ یوں ہے:

حضور اکرم ﷺ نے شبِ معراج براق پر سوار ہوتے وقت اللہ تعالیٰ سے وعدہ لے لیا ہے کہ روزِ قیامت جب کہ سب لوگ اپنی اپنی قبروں سے اٹھیں گے، ہر ایک مسلمان کی قبر پر اسی طرح ایک ایک براق بھیجوں گا، جیسا کہ آج آپ کے واسطے بھیجا گیا ہے۔

اعلیٰ حضرت مولانا احمد رضا بریلوی رحمۃ اللہ علیہ سے پوچھا گیا کہ:

سوال: یہ مضمون صحیح ہے یا نہیں اور کتاب "معارج النبوۃ" کیسی کتاب ہے، اس کے مصنف عالم اہلِ سُنّت اور معتبر محقق تھے یا نہیں؟

جواب: بے اصل ہے۔ "معارج النبوۃ" کے مؤلف سُنّی واعظ تھے، کتاب میں رطب و یابس سبھی کچھ ہے۔ واللہ اعلم۔ *۱۷

ماہرینِ حدیث اور ائمہ محدثین نے موضوع روایت کی شناخت اور پہچان کے لیے جو علامات اور اصول بیان کیے ہیں اُن کے مطابق یہ روایت ظاہر الوضع ہے یعنی کلامِ نبوی علیٰ صاحبہا الصلوٰۃ والسلام سے معمولی مناسبت اور تمسک رکھنے والا طالب علم بھی اس کے مضمون کی رکاکت، عدم فصاحت اور عقل و شرع سے تصادم کے باعث فوراً جان لے گا کہ یہ صاحبِ جوامع الکلم کا کلام نہیں ہو سکتا۔

معراج کے حوالے سے یہ بات بھی بے حد مشہور ہے کہ گلاب کا پھول اس رات آپ کے پسینہ مبارک سے پیدا ہوا اور اس کی خوش بو میں بھی یہی راز پوشیدہ ہے۔

ایک روایت کے الفاظ یوں نقل کیے گئے ہیں:

من اراد ان یشم رائحتی فلیشتم الورد الاحمر۔ *۱۸

ترجمہ: جو میری خوش بو کو سونگھنا چاہے وہ سرخ گلاب کو سونگھ لے۔

امام بدر الدین زرکشی نے "اللآلی المنثورۃ" میں امام سخاوی نے "المقاصد الحسنہ" میں اور شیخ محمد بن طاہر پٹنی وغیرہ نے "تذکرۃ الموضوعات" میں اسے جعلی، من گھڑت اور موضوع روایت قرار دیا ہے۔*١٩

واقعۂ معراج سے متعلق اس طرح کی بیش تر روایات مشہور ہیں جن کا تذکرہ اکثر واعظین کی تقریروں اور تحریروں میں ملتا ہے۔

ایسی روایات کے فروغ میں غیر مستند اور بے سروپا حکایات پر مشتمل لٹریچر اور کتب ورسائل کا بڑا ہاتھ ہے۔ اس سلسلے میں چند مشہور کتابوں کے نام لیے جاسکتے ہیں، مثلاً "نزہۃ المجالس"، "معارج النبوۃ" وعظ بے نظیر بارہ تقریریں، صوفیائے کرام سے غلط طور پر منسوب تذکرے، ملفوظات کے مجموعے اور فضائلِ اعمال کے نام سے مختلف موضوعات پر شائع ہونے والی غیر علمی کتابیں اور حصولِ ثواب کے لیے مفت تقسیم کیے جانے والے کتابچے اس قسم کے مواد سے بھرے ہوتے ہیں۔

ہماری نعتیہ شاعری پر عربی اور فارسی شاعری کا بھی کسی حد تک گہرا اثر ہے۔ لہٰذا عربی اور فارسی اساتذہ فخر کے اشعار میں پائے جانے والے مضامین کو بھی خصوصی اہمیت حاصل رہی ہے۔ عربی اشعار میں اسی مضمون کا حوالہ اوپر (بحوالہ "فتح المتعال") گزر چکا ہے، فارسی میں بھی یہ مضمون بعض اکابر نے منظوم کیا ہے۔ نظامی گنجوی کا شعر دیکھئے:

سریر عرش را نعلین او تاج

امین وحی و صاحب سرِّ معراج

(بحوالہ: "ارمغانِ نعت" ص ۴۱)

آخر میں اردو کے معروف اور غیر معروف نعت گو شعرا کے اشعار بطورِ نمونہ پیشِ

خدمت ہیں:

۱۔ نعلین پا سے عرشِ معلیٰ کو ہے شرف
روح الامیں ہیں غاشیہ بردار مصطفی
(بیدم وارثی)

۲۔ حکم موسیٰ کو ہوا "فاخلع" مگر معراج میں
تاج فرق عرش ہے نعلین پائے مصطفی
(وہبی لکھنوی)

۳۔ تیری نعلین کا وہ رُتبہ ہے اعلیٰ جس سے
عرش کے فرش کو حاصل شرف تاج ہے آج
(وحشی، سفینۂ نعت، حصہ ۲، ص ۲۲)

۴۔ عرش پہ نعلین سے جانے والے
شبِ معراج میں اللہ کو پانے والے
(حافظ)

۵۔ خود عرش نے بوسے لیے ایقان و ادب سے
کیسے ہو بیاں آپ کے نعلین کا عالم
(کلام لاکلام، ص ۵۰، شاہ انصار الہ آبادی)

۶۔ نقشِ نعل پاک سلطانِ اُمم
بدر بن کہ عرش کے اوپر کھلا

۷۔ اُن کے نعلین کا مقام فلک
اُن کے نعلین تک مری پرواز

(بشیر حسین ناظم)

۸۔ عرشِ اعلیٰ کا بھی اعزاز بڑھا ہے اُن سے
سلسلہ فیض کا ایسا ترے نعلین میں ہے

(غلام قطب الدین فریدی)

۹۔ سُن کے جس نام کو جھک جائے عقیدت کی جبیں
جس کی نعلین کہ اُتری نہ سرِ عرش بریں

(ادیب رائے پوری)

۱۰۔ کیا سراپائے پیمبر کا مقام
نعل تک معراج میں ہے مقتدر

حوالہ جات

*۱۔ (سورۂ طٰہٰ:۱۲)

*۲۔ الاثار المرفوعہ فی الاخبار الموضوعہ، ص ۳۳

*۳۔ الاثار المرفوعہ، ص ۳۳، طبع ادارہ احیاء السنہ

*۴۔ فضائلِ نعلینِ حضور (مترجم) ص ۳۶۲

*۵۔ مقدمہ: فضائلِ نعلینِ حضور (مترجم) بار سوم، ص ۴۴۔۴۵

*۶۔ مقدمہ: فضائلِ نعلینِ حضور (مترجم) بار سوم، ص ۹۸۔۹۹

*۷۔ کتاب مذکور، ص ۱۰۲

*۸۔ زرقانی علی المواہب، ۳۲۳/۸

*۹۔ ایضاً

*۱۰۔ ایضاً، ص۲۲۳/ ۸

*۱۱۔ غایۃ المقال، ص۲۷، مجموعۃ الرسائل، ص۲۲۸

*۱۲۔ احکامِ شریعت، ص۱۶۶، مطبوعہ شبیر برادرز، لاہور

*۱۳۔ مواہب اللدنیہ، ۳۸۲/ ۲، طبع بیروت

*۱۴۔ اسنی المطالب فی احادیث مختلفۃ المراتب، ص۲۲۲

*۱۵۔ المواہب اللدنیہ، ص۳۸۱/ ۲، مطبوعہ بیروت، لبنان

*۱۶۔ زرقانی علی المواہب، ص۱۹۳/ ۸، مطبوعہ مکۃ المکرمہ

*۱۷۔ احکامِ شریعت، ص۱۶۵

*۱۸۔ اللآلی المنثورۃ، ص۱۴۷

*۱۹۔ مختصر المقاصد الحسنہ، ص۹۱، اللآلی المنثورۃ، ص۱۴۷ تذکرۃ الموضوعات، ص۱۶۱، المصنوع لمعرفۃ الحدیث الموضوع، (۲۰۳ مطبوعہ حلب)

ماخذ و مراجع

۱۔ الآثار المرفوعہ فی الاخبار الموضوعہ، عبدالحئ لکھنوی، مولانا: مطبوعہ ادارہ احیاء السنہ، گوجرانوالہ

۲۔ فضائلِ نعلین حضور ﷺ (مترجم)، امام المقری التلمسلمانی، طبع لاہور، ۲۰۰۰ء

۳۔ شرح زرقانی علی المواہب، الامام، محمد بن عبدالباقی، طبع مکۃ المکرمہ، ۱۹۹۶ء

۴۔ غایۃ المقال (مجموعۃ الرسائل) عبدالحئ لکھنوی، مولانا، طبع ادارۃ

القرآن، کراچی

۵۔ احکام شریعت، احمد رضا خان، امام، شبیر برادرز، لاہور

۶۔ المواہب اللدنیہ بالمنح المحمدیہ، احمد قسطلانی، امام، طبع بیروت

۷۔ الآلی المنثورۃ فی الاحادیث المشتہرۃ، امام بدرالدین زرکشی، طبع اولیٰ، بیروت

***

نعت نگاری میں احتیاط کے تقاضے

پروفیسر محمد اکرم رضا

نعت ایک انتہائی محترم صنفِ سخن بھی ہے اور رحمتِ پروردگار بھی۔ خدائے قدوس جب محبانِ رسول ﷺ پر مہربان ہوتا ہے تو انھیں نعت کی توفیق عطا کرتا ہے۔ نعت کی روایت دُرود و سلام سے عبارت ہے۔ خالقِ کونین نے اصحابِ ایمان کو آقائے دو عالم ﷺ پر ہر لحظہ و ہر آن دُرود و سلام کے گلاب نذر کرنے کا عمل جاری رکھنے کا جو حکم صادر فرمایا ہے، اسی کی بدولت دُرودوں کی خوش بو میں بس کر جب نعت کا قافلہ چلا تو صدیاں سمٹ کر رہ گئیں۔ وقت اور زمان و مکان کے تصورات سے ماوریٰ اس کاروانِ نعت کی رفتار میں کبھی کمی نہیں آئی۔ اس کاروانِ نعت کے ہر خوش بخت مسافر کو توفیقِ نعت خود خدا عطا کر رہا تھا۔ کیوں کہ جس کی توصیف کا حکم دیا جا رہا ہے وہ خود ربّ عُلیٰ کا محبوب ہے۔ وہ فرشتوں کے قدسی ترانوں کا موضوعِ خاص ہے۔ وہ جملہ انبیا و رُسل کی مناجاتوں کا اعزاز ہے۔ خدائے محمد ﷺ نے نعتِ محمد ﷺ کی توفیق بخش کر اصحابِ نعت کا رُتبہ اس قدر بلند کر دیا کہ نعت گو شعرا نعت کہتے ہوئے فخر محسوس کرنے لگے کہ یہ صنفِ سخن تو وجہِ نجات بن گئی ہے۔ کیوں کہ خدا اور مخلوقِ خدا ثنائے رسول ﷺ کو ہی معمول بنائے ہوئے ہیں۔ خدا اس لیے کہ وہ اس تخلیقِ نور پر اپنی رحمتوں کا نزول فرما رہا ہے اور مخلوقِ خدا اس لیے کہ ثنائے رسول کے بہانے انھیں خوشنودیِ حضور کے

پردے میں رضائے الٰہی کی جلوہ گری نظر آرہی ہے۔ یہی توفیقِ خداوندی اعزاز بھی ہے اور سرمایۂ ناز بھی۔ ایک صاحبِ نظر کے لفظوں میں:

دہد حق عشقِ احمد بندگانِ چیدۂ خود را
یہ خاصاں می دہد شہ بادۂ نوشیۂ خود را

جب شاعر نعت کو توفیقِ خداوندی سمجھ کر، عشق و عقیدت کو زادِ راہ بنا کر اشہبِ قلم کو صفحۂ قرطاس پر رواں کرتا ہے تو پھر اس کا قلم معجز رقم بن جاتا ہے۔ اس کی فکر کے آسمان پر نیاز و عقیدت کے ستارے طلوع ہوتے ہیں۔ اس کے بے جان لفظ فقط خود ہی حیاتِ دوام سے ہم کنار نہیں ہوتے بلکہ شاعر کو بھی نیک نامی اور سربلندی کی خلعت عطا کرتے ہیں۔ یہی کلام اس قدر مؤثر اور دل آویز ہو جاتا ہے کہ اس کے وجود سے قرطاس و قلم کو آبرو عطا ہوتی ہے۔ اس کے وجود سے اوراق مہکتے اور اذہان جگمگانے لگتے ہیں۔ جوں جوں شاعر فکرِ نعت میں گم ہو کر تجلیاتِ حضور ﷺ کے قلزمِ نور میں گم ہوتا ہے اس پر نئی صبحیں طلوع ہوتیں اور نئے زمانے اس کا مقدر بنتے ہیں۔ ایسے زمانے جو فردا اور امروز کے تصور سے بے نیاز ہو کر شامِ ابد تک رسائی کا اہتمام کرتے ہیں۔ ذوقِ نعت کی پختگی قلم کو عنبر فشانی اور عشق و عقیدت کے بحرِ بے کراں کو مستقبل کی نامعلوم سرحدوں کی جانب روانی عطا کرتی ہے۔

نعتِ رسول ﷺ روزِ اوّل ہی سے کائناتِ انسانی کی اپنے آقا و مولا ﷺ سے قلبی و روحانی وابستگی کی مظہر بنی ہوتی ہے۔ یہ واحد صنفِ سخن ہے جو شاعر کے کلام کو دوام عطا کرتی اور مطلعِ ہستی پر آفتابِ ستارہ کی صورت اُبھرتی ہے۔ نعت کی فکر اور ممدوحِ نعت کی یاد میں بسر ہونے والا ہر لمحہ عبادت، ہر ساعت سعادت اور ہر شعر صحیفۂ عقیدت کی نورانی آیت ہے۔ خدائے کریم نے ازل کی ساعتوں میں ثنائے رسول کے جس سلسلے کا

آغاز فرمایا تھا وہ جاری و ساری ہے۔ ماضی ہو یا دورِ حال یا زمانۂ استقبال، ہر دور نے فکرِ نعت سے شادمانی کشید کرنے کا اہتمام کیا ہے۔

سیّدنا حسان بن ثابتؓ نے نعت نگاری کو نیا اسلوب اور روحانی بانکپن عطا کیا۔ اس کا سبب یہ تھا کہ ربِ ممدوحِ خدا و ملائکہ پیشِ نظر تھا۔ اب غارِ حرا کی خلوتوں سے اُبھرنے والا چاند مدینہ طیبہ کو مرکزِ نور بنا کر اطراف و اکنافِ عالم کو اپنی تعلیمات سے یکساں طور پر فیض یاب کر رہا تھا۔ اس لیے حسانِ بن ثابت، کعب بن زہیر، عبداللہ بن رواحہ رضوان اللہ علیہم سمیت اس عظیم دور کے نعت گو شعرا کی نعتوں میں عشق و عقیدت کا اور ہی والہانہ پن پایا جاتا ہے۔ بعد کے ادوار کے شعرا اُن کے نقشِ قدم پر چلتے رہے۔ ہر صدی اور ہر عہد میں نعتوں کی کلیاں مہکتی رہیں۔ عشق و عقیدت کے گل ہائے سدا بہار اپنی لازوال خوش بو سے دلوں کو عنبر اور افکار کو معنبر کرتے رہے۔ عربی، اردو، فارسی ہو یا ہندی ہر زبان اپنا بہترین اثاثہ دربارِ رسالت مآب ﷺ میں نذر کرتی رہی۔

عشق و عقیدت کی یہی میراث صنفِ نعت میں ڈھل کر عہدِ حاضر کا اعزاز بن کر ہم تک پہنچی ہے۔ یہی وہ صنفِ سخن ہے جو عصرِ حاضر کی نعتیہ شاعری کا سلسلہ دربارِ حضور ﷺ تک قائم کر رہی ہے اور یہ کیسا خوش گوار سدا بہار، لازوال اور دوام پذیر سلسلہ ہے جو ہر قسم کے انقلابات سے بے نیاز ہو کر گزشتہ چودہ صدیوں میں اپنے مؤثر اور بھرپور وجود کا اس شان سے احساس دلاتا ہے کہ اس سلسلۂ عالیہ کی ایک بھی کڑی کہیں سے گم ہوتی یا ٹوٹتی دکھائی نہیں دیتی۔ علامہ محمد اقبالؔ، امام احمد رضا خاں، محسنؔ کاکوروی، مولانا الطاف حسین حالیؔ، کرامت علی شہیدی کی راہ نمایانہ قیادت عصرِ حاضر کے شعرا کے لیے نعت کے میدان میں آگے بڑھنے کے لیے شمعِ راہ کا کردار ادا کر رہی ہے۔ میرے ذہن و فکر کے البم پر اس وقت بہت سے ممتاز نعت گو شعرا کے اسمائے گرامی اُبھر رہے

ہیں جن میں سے ہر ایک حاصلِ انجمن ہے۔ مگر اس وقت ہمارا موضوع نعت کے حوالے سے احتیاط کے تقاضوں پر بات کرنا ہے۔

نعت عربی زبان کا لفظ ہے جس کے لفظی معنی تو تعریف وستائش کے ہیں مگر تمام لغات میں اس کے مستعمل معنی توصیف وثنائے حضور ہی درج ہیں۔ بلاشبہ یہ اس لفظ کی خوش قسمتی ہے کہ یہ ہمیشہ سے صرف اور صرف حضور نبی کریم ﷺ کے محامد و محاسن بیان کرنے کے لیے استعمال ہو رہا ہے۔ حضور محمد مصطفی ﷺ سب کے محبوب ہیں۔ خدا خود آپ کی رضا چاہتا ہے۔ خلقِ خدا ہمہ وقت آپ کی خوش نودی کی متلاشی ہے۔ دُرودوں کے پھول بارگاہِ رسول میں نذر کیے جا رہے ہیں۔ آنسوؤں کی سوغات زبانِ بے زبان سے بہت کچھ کہہ رہی ہوتی ہے۔ سلاموں کے گجرے روضۂ رسول پر نچھاور ہو رہے ہیں۔ نعتوں کے گلشن مہکائے جا رہے ہیں۔ عقیدتوں کی شمعوں سے چراغاں کیا جا رہا ہے۔ چاہتوں کی کلیاں مہکائی جا رہی ہیں۔ خطیب، ادیب، مفکر، دانش ور سبھی توصیفِ رسول ﷺ میں رطب اللسان ہیں۔ ہر صاحبِ ایمان اپنے فکر و عمل کو تذکارِ رسول سے آباد رکھنے کی کوششوں میں مصروف ہے۔ کیوں کہ سبھی جانتے ہیں کہ نعت ہی محبوبِ کبریا کی بارگاہِ ناز میں رسائی کا مؤثر ذریعہ ہے۔ اور یہ سارا اہتمام اسمِ محمد ﷺ کی عظمتوں کے حضور سرِ عقیدت خم کرنے کے لیے ہو رہا ہے۔ کیوں کہ "محمد" ہی وہ واحد اسم گرامی ہے جس کے معنی "سب سے زیادہ تعریف کیا گیا" کے ہیں۔ اور پھر اس کی تعریف وتوصیف میں کیا کمی رہ سکتی ہے جس کے لیے اس کا خالق اعلان فرما رہا ہو کہ:

"بے شک اللہ اور اس کے فرشتے نبی (ﷺ) پر دُرود بھیجتے رہتے ہیں، اے ایمان والو! تم دُرود بھی بھیجو اور سلام بھی جیسا کہ حق ہے۔"

(سورۃ الاحزاب:۵۶)

زمانہ شاہد ہے کہ سعادت جس قدر بڑی ہو، آزمائش بھی اتنی ہی کڑی ہوتی ہے جو صنفِ سخن افکارِ شاعر کو مہک بار کر دے۔ صرف دنیوی سرخ روئی ہی عطا نہ کرے بلکہ ابدی سر فرازی کی نوید بھی عطا کرے، شاعر کے لیے رضائے مصطفوی ﷺ کی صورت میں جنت کے در کھول دے۔ اس سعادت کو پانے کے لیے شعرا کو غیر معمولی احتیاط کا سامنا کرنا پڑتا ہے۔ نعت کہتے ہوئے ہر لحظہ یہ حقیقت مد نظر ہونی چاہیے کہ مَیں اس کی نعت کہہ رہا ہوں جس کی ثنا اس کا خالق فرما رہا ہے۔ جس خالق نے محمد ﷺ کو بے عیب بنایا ہے اُسے یہ کس طرح گوارا ہے کہ فقط شعروں کے سنگ ریزے بکھیرنے والا شاعر اس ممدوحِ کائنات کو محض ایک بشر قرار دے کر اس کے لیے فرسودہ تراکیب اور پامال مضامین کا سہارا لیتا رہے۔ غالبؔ نے اس مقام پر عاجزی کا اظہار کر کے سخن گوئی کا حق ادا کر دیا ہے۔

غالبؔ ثنائے خواجہ بہ یزداں گزاشتیم
کاں ذاتِ پاک مرتبہ دانِ محمد است

غالبؔ جیسا مے خوار نعتِ رسول ﷺ کرتے ہوئے کس قدر ہوشیار نظر آتا ہے۔ نعت کے حوالے سے احتیاط و ادب کے تقاضوں کو مدِ نظر رکھنے کے لیے امامِ نعت گویاں احمد رضا خاں فاضل بریلوی کس خوبی سے اپنا مدعا بیان کرتے ہیں:

"حقیقتاً نعت شریف لکھنا نہایت مشکل کام ہے جس کو لوگ آسان سمجھتے ہیں۔ اس میں تلوار کی دھار پر چلنا پڑتا ہے۔ اگر بڑھتا ہے تو الوہیت تک پہنچتا ہے اور کمی کرتا ہے تو تنقیص ہوتی ہے۔ البتہ حمد آسان ہے کہ اس میں راستہ صاف ہے۔ جتنا چاہے آگے بڑھ سکتا ہے۔ غرض ایک جانب اصلاً کوئی حد نہیں اور نعت شریف میں دونوں جانب حد بندی ہے۔"

نعت شریف کہتے ہوئے جب شاعر دونوں جانب کی حد بندی کو حد درجہ ملحوظِ خاطر رکھتا ہے۔ الوہیت کے مقام کے تصور سے لرزتا ہے اور تنقیصِ رسالت کے احساس سے ہی عرق عرق ہو جاتا ہے تو پھر نعت ہوتی ہے۔ ایسی نعت جو اپنے دوام کی خود کفیل ہوتی ہے اور ادبِ عالیہ میں اپنا مقام خود منوا لیتی ہے۔ نعت میں عشق کے والہانہ پن اور احتیاط کے حوالے سے درویش شاعر ساغر صدیقی کی فکری اُڑان ملاحظہ کیجیے:

"نعت میرے نزدیک تعریفِ رسالت کا وہ طریقہ ہے جس میں الفاظ زبان سے نہیں بلکہ پلکوں سے ترتیب دیے جاتے ہیں۔ منصور و شمس سے مجھ تک یہ نعمتِ عظمیٰ کیسے پہنچی، چشمِ عقیدت کے لیے اس کا جواب سرمد کے قطرہ ہائے خون اور شہباز کے نعرہ ہائے مستانہ ہی دے سکتے ہیں۔ میں نعت کہتے ہوئے اپنے جسم اور روح کو دوزخ کے شعلوں سے ڈرا لیتا ہوں۔"

نعت گوئی میں حقیقی احتیاط خود کو دوزخ کے شعلوں سے ڈرا لینے ہی میں مضمر ہے۔ جب شاعر کے پیش نظر عظمتِ خداوندی اور محبوبیتِ مصطفیٰ پیشِ نظر ہوتی ہے تو احتیاط خود بخود دامن گیر ہوتی ہے۔ عرفیؔ جیسا قادر الکلام شاعر جب ایوانِ نعت میں داخل ہوتا ہے تو ممدوحِ نعت کی عظمتوں کے تصور سے ہی لرزیدہ فکر ہو جاتا ہے۔ وہ راہِ نعت میں آگے بڑھتے ہر گام پر عظمت و شانِ رسول ﷺ کے تصور سے کانپ اُٹھتا ہے۔ وہ اپنی فکرِ کم مایہ کا سرمایہ سنبھال سنبھال کر بصد احتیاط آگے بڑھتا ہے۔ اس کا اندازِ احتیاط اپنی جگہ حاصل فکر ہے۔

عرفی مشتاب ایں رہِ نعت است نہ صحرا است
آہستہ کہ رہ بر دمِ تیغ است قدم را
ہشدار کہ نت واں بیک آہنگ سرودن

نعتِ شہِ کونین و مدیح کے وجم را

یہ ایک ناقابلِ تردید حقیقت ہے کہ نعت صدیوں کے سفر طے کرتی ہوئی آج انتہائی نقطۂ عروج کو چھو رہی ہے۔ آج کا دَور اپنی تمام تر فکری بے راہ روی اور ذہنی کج روی کے مظاہروں کے بعد بالآخر نعت کے کوچۂ عافیت ہی میں پناہ ڈھونڈ رہا ہے۔ یہ عصرِ حاضر کی مجبوری نہیں بلکہ کوچۂ نعت کی وسعتِ بے حد اور ثنائے حضور کی بے کرانیوں نے انھیں اپنی جانب متوجہ کرلیا ہے کہ آلامِ روزگار کے ستائے ہوئے حرماں نصیبو! کوچۂ نعت میں امان ڈھونڈلو کہ یہاں سکون ہی سکون ہے۔ یہ کوچۂ عافیت، پناہِ بے کساں ہے۔ یہاں اسمِ محمد ﷺ کے انوار لُٹ رہے ہیں۔ وہ پیارے محمد ﷺ کہ جن کی توصیف کے لیے یہ کائنات تخلیق کی گئی:

مدح اس کی بیاں سے ماورا ہے
جسے خالقِ محمد کہہ رہا ہے
مدح میں اس کی اک نقطے کی صورت
زمین و آسماں کا دائرہ ہے

اب ایک نظر ہم ربّ کریم کے بابرکت کلام پر دوڑاتے ہیں جس کے متن میں احترامِ بارگاہِ رسالت کے ستارے طلوع ہو رہے ہیں۔ قرآن مجید کے حکمت کدے میں داخل ہوتے ہی محامد و محاسن مصطفیٰ ﷺ کی فراوانی نظر آنے لگتی ہے۔ کہیں آپ کو یٰسین کہا جارہا ہے تو کہیں طٰہٰ کہہ کر خطاب کیا جارہا ہے۔ کہیں یاایھا الزمل اور یاایھا المدثر کی نداؤں سے آپ کو آواز دی جارہی ہے۔ ربّ کریم آپ کے شہر کی قسم کھاتا ہے۔ آپ کی زلفوں کی شبِ تار اور چہرۂ والشمس کے انوار کا ذکر ہوتا ہے۔ آپ کے صحابہ اور آپ کی پسندیدہ چیزوں کا ذکرِ جمیل ہو رہا ہے۔ "ورفعنا لک ذکرک" کی صورت میں آپ کے

ذکر کی سربلندی کا اعلانِ عام ہو رہا ہے۔ آپ کے زمانے کی قسم کھا کر آپ کے ہر آنے والے دن کو گزرے ہوئے دن سے بہتر قرار دیا جا رہا ہے، آپ کے نام لیواؤں کو حیاتِ ابدی کی بشارت دی جا رہی ہے اور آپ کے دشمنوں کو عذابِ الیم سے ڈرایا جا رہا ہے۔ حتیٰ کہ خدائے کریم جہاں تمام انبیا و رُسل کو ان کے ناموں سے خطاب کرتا ہے، وہاں آپ کو القاب کے ذریعے پکارا جا رہا ہے۔ حضرت جامی کے بقول:

یا آدم است یا پدرِ انبیا خطاب
یا ایھا النبی خطابِ محمد است

یہی نہیں بلکہ اصحابِ ایمان کو رسولِ کریم ﷺ کو مخاطب کرنے کے آداب سکھائے جا رہے ہیں۔ بارگاہِ رسول میں اپنی آوازوں کو پست رکھنے کا حکم دیا جا رہا ہے۔

یا ایھا الذین آمنو لا ترفعوا اصواتکم فوق صوت النبی۔ (الحجرات:۲)

اے ایمان والو! تم اپنی آوازوں کو نبی اکرم (ﷺ) کی آواز سے بلند نہ کرو۔

کہیں حضور علیہ الصلوٰۃ والسلام سے بات کرتے ہوئے عجز و انکسار کو وسیلۂ اظہار بنانے کا درس دیا جا رہا ہے:

ولا تجہر والہ بالقول کجہر بعضکم بعضا۔

تم اُن کے ساتھ بات کو بلند آہنگ نہ دو جیسا کہ تم ایک دوسرے کے ساتھ بات کرتے ہو۔

کہیں حجرۂ نبوی کے سامنے حاضر ہو کر بے باکانہ پکارنے سے منع کیا گیا ہے۔

ان الذین ۔۔۔ من وراء الحجرات۔ (الحجرات:۴)

بے شک وہ آپ کو کمروں کے باہر سے پکارتے ہیں۔

کے بارے میں "اکثر ھم لایعقلون" (اُن میں سے بیش تر عقل نہیں رکھتے) کا فیصلہ

دیا جا چکا ہے، اس لیے پکار بے باکانہ نہ ہو۔ اس لیے اسمِ ذات سے ندا غیر محمود ہے کہ خود پروردگارِ عالم نے یوں نہیں پکارا۔

پھر ارشاد ہوا:

لا یجعلو دعاء الرسول بینکم کدعاء بعضکم بعضا۔ (النور: ۶۳)

تم لوگ رسول کے پکارنے کو ایسا مت خیال کرو جیسا کہ تم ایک دوسرے کو بلاتے ہو۔

سورۂ الحجرات ہی میں فرمایا جا رہا ہے:

اے ایمان والو! اللہ اور اس کے رسول سے سبقت مت کیا کرو اور اللہ سے ڈرتے رہو۔

جوں جوں ایک صاحبِ نظر قرآن حکیم کی بے کراں تجلیات سے فیض یاب ہوتا ہوا آگے بڑھتا ہے اس پر سلطانِ دو عالم علیہ الصلوٰۃ والسلام کی توصیف و ثنا کے اسرار منکشف ہونے لگتے ہیں۔ وہ یہ سوچ سوچ کر پریشان ہو جاتا ہے کہ ربّ کریم نے اپنے محبوب کی اس درجہ توصیف کر دی ہے تو میں کیا کہہ سکوں گا؟ جب ربّ کریم اطاعتِ رسول کو اپنی اطاعت اور محبتِ رسول کو اپنی محبت قرار دے رہا ہے۔ جب غزوۂ بدر میں حضور کے ریت کی مٹھی پھینکنے والے ہاتھ کو ربّ کریم اپنا ہاتھ قرار دے رہا ہو۔ جب گفتارِ مصطفیٰ ﷺ کو گفتارِ خداوندی سے تعبیر کیا جا رہا ہے۔ حضرت عثمانؓ بن عفان کے نام پر مقامِ حدیبیہ پر حضور ﷺ کے صحابہ کرام سے اپنے ہاتھ پر بیعت لینے کو خدا اپنے ہاتھ پر بیعت قرار دے رہا ہے تو مقاماتِ مصطفیٰ ﷺ کی بلندیوں اور رفعتوں کا احساس ہی نعت گو شاعر سے عقیدت کا خراج لینے لگتا ہے۔ وہ سوچتا ہے کہ جس کا مدح خواں خود خدا ہو اُس کی توصیف میں، مَیں کیا لکھوں گا؟ جب عجز سامانی غالب آنے لگتی ہے تو یہ احساس

یکایک زندگی بخشنے لگتا ہے کہ اے شاعرِ خوش نوا! تو بحثوں میں کیوں اُلجھتا ہے۔ تیرے لیے تو یہی احساس کافی ہے کہ تو ممدوحِ خدا کی توصیف رقم کر رہا ہے۔ فقط احتیاط شرط ہے۔ یہ احتیاط احکامِ قرآن کا تقاضا بھی ہے اور محبوبِ دوعالم ﷺ سے محبت کی صلائے عام بھی۔ یہ احتیاط اور احترام ہی تو محبتِ رسول ہے۔ ڈاکٹر سیّد عبد اللہ کے لفظوں میں "کوئی وہ شخص عشقِ رسول ﷺ کی شاعری نہیں کر سکتا جو محبت کے کرب و درد، انہماک اور مرکزیتِ توجہ سے باخبر نہ ہو۔" حق تو یہ ہے کہ نعت کی دنیا میں محو ہونے والا انسان، کوے حجاز کا رُخ کر ہی نہیں سکتا۔ کیوں کہ جب حقیقتِ محمدی ﷺ قلب و فکر کا احاطہ کر لے تو مجاز کے افسانے خود بخود قصۂ پارینہ بن جاتے ہیں۔

عشق اک کفر ہے جب تک ہے وہ محدودِ مجاز
اور اس حد سے گزر جائے تو ایمان ہو جائے

یہی احتیاط اور پاسِ شریعت ہے جو نعت کا حسن اور اعزاز بن کر اُبھرتا ہے۔

*

یوں تو دور ہی دورِ نعت رہا ہے اور ہر دور کے نعت گو شعرا نے اپنی اپنی زبانوں کو وسیلۂ اظہار بنا کر نعت کہی ہے۔ آج وہ ماضی کا نعتیہ سرمایہ دست یاب ہو یا نہ ہو، یہ حقیقت ہے کہ ہر دور کے ایوان ہائے نعت، نعتوں کے زمزموں سے گونجتے رہے ہیں۔ عصرِ حاضر کو یہ افتخار ضرور حاصل ہے کہ گزشتہ تین دہائیوں سے نعت گو شعرا کی تعداد میں غیر معمولی اضافہ ہوا ہے۔ اس کے کئی اسباب ہیں۔ ماضی میں نعت پاکیزہ اور درویش صفت، خدا مست اہل اللہ تک محدود تھی۔ اُن کے نعتیہ کلام کا حسن ہی الگ ہے۔ وہ نفوسِ قدسی اپنی ستائش اور ذرائع ابلاغ کے عدم وجود کی بدولت جو کچھ بھی کہہ گئے وہ اُن کی اپنی ذات تک محدود رہا۔ وہ عظیم فرزندانِ توحید ستائش اور صلے یا کسی نوعیت کی

ناموری سے بے نیاز تھے۔ اس لیے اُن کے لیے نعت اظہارِ فن کا ذریعہ نہیں بلکہ فقط اور فقط عبادت تھی۔

موجودہ دور میں جب ذرائع ابلاغ اور ذرائع اشاعت بہت تیزی سے منصہ شہود پر آئے۔ نعت کو مذہبی اجتماعات کے علاوہ ہر قسم کے سیاسی، سماجی اور ادبی جلسوں کی زینت بھی سمجھا جانے لگا۔ وہ اخبارات اور جرائد جو کسی خاص تہوار پر ہی نعت کی اشاعت کا اہتمام کرتے تھے، اب نعت نمبر نکالنے لگے۔ ریڈیو، ٹیلی ویژن پر نعت کو بزرگ ترین صنفِ سخن کا درجہ دیا جانے لگا۔ تو وہ کثیر تعداد جو محض حصولِ شہرت کے لیے شاعری کے میدان میں خامہ فرسائی کر رہی تھی، حالات کے تقاضے کو سمجھتے ہوئے اس جانب متوجہ ہوگئی۔ پھر کیا تھا۔۔۔ اتنی کثرت سے نعت لکھی جانے لگی کہ اصحابِ ذوق اور محبتِ رسول ﷺ کو مدعائے قلب و جان بنانے والوں کو فوراً ادب و احتیاط کے تقاضوں کو جانچنے اور نعت گوؤں کی راہ نمائی کے لیے اس جانب متوجہ ہونا پڑا اور بڑی تیزی سے یہ سوال اُبھرنے لگا کہ نعت گو شعرا کی ایک بڑی تعداد جس تیزی سے نعت کہہ رہی ہے کیا اس کا مقصد محض قافیہ پیمائی اور اپنے ادبی قد کی نمائش ہے یا اس میں نعت کے حقیقی حسن کی جلوہ گری نظر آتی ہے۔ جب ادبی پیمانوں سے گزرتے ہوئے عشق و عقیدت کے پیمانوں کا سہارا لیا گیا تو بہت جلد روحانی کرب کا سامنا کرنا پڑا۔ کیوں کہ یہ شعرا قوافی اور اوزان سے تو آگاہ ہیں مگر بہت سوں کا کلام نعت کی حقیقی روح سے محروم ہے۔

جب یہ سوال اُبھرا کہ ان اصحاب کی نعتوں میں ادب و احتیاط کی آب و تاب کیوں نظر نہیں آتی تو یہ اصحابِ فن ماضی کے عظیم المرتبت نعت گو شعرا کے حوالے سے پیش کرنے لگے۔ وہ اس حقیقت کو بھول گئے کہ وہ ماضی کے جن درویش صفت شعرا کا حوالہ دے رہے ہیں وہ تو محبتِ رسول کی دولت سے اس درجہ بہرہ ور تھے کہ ان کے ہاں عشق

کی فراوانی کے ساتھ ساتھ کمال درجے کی احتیاط بھی نظر آتی ہے اور پھر وہ نفوسِ قدسی تو فنافی الرسول تھے۔ اُن کا محبوب فقط اور فقط ذاتِ رسول تھی۔ وہ ذاتِ رسول ﷺ کے آئینے ہی میں انوارِ خداوندی کی جلوہ گری دیکھتے تھے۔ ان کو بطورِ مثال پیش کرنے سے پہلے ان جیسا جذبۂ محبتِ رسول ﷺ، غیر معمولی زہد و ریاضت، پاکیزگیِ کردار اور صالحیتِ افکار کا مظاہرہ کرنا ہو گا۔ وہ لوگ تو تاریخ ساز تھے۔ وہ زمانہ گر تھے۔ وہ لفظوں کے اسیر نہیں بلکہ کاروانِ عشق و سرمستی کے امیر تھے۔ لیکن ان عظیم نفوس کے مقابلے میں جب ہم عہدِ حاضر کے شبستانِ ہوس میں داخل ہو جاتے ہیں تو شعرا کی ایک بڑی تعداد ایک جیسی برق رفتاری کے ساتھ غزل بھی کہہ رہی ہے اور نعت بھی لکھ رہی ہے۔ قوافی بھی ایک جیسے، ردیفیں بھی ایک جیسی، مضامین بھی تھوڑے سے فرق سے ایک جیسے۔ یہ اس حقیقت سے بے نیاز ہیں کہ جس ترکیب اور خیال کو وہ محبوبِ مجازی کے لیے باندھ آئے ہیں اسی ترکیب اور بندش کو نعت کے لیے استعمال کر رہے ہیں۔ فقط مدینہ منورہ یا اسمِ محمد ﷺ لگا دینے ہی سے تو نعت نہیں ہو جاتی۔ وہ اس احساس سے بہرہ ور ہیں کہ مجازی تراکیب کے دوش پر سوار ہو کر محبوبِ خدا کی توصیف کا حق ادا نہیں ہو سکتا۔

ایسے نعت گو شعرا کو نعت کہنے سے کون روک سکتا ہے؟ اور کوئی کیوں روکے؟ یہ تو سرکارِ دو عالم ﷺ کو عطا کی گئی "شانِ ورفعنا لک ذکرک" کا تقاضا ہے اور سبھی جانتے ہیں کہ:

فقط اتنا سبب تھا انعقادِ بزمِ ہستی کا
کہ اُن کی شانِ محبوبی دکھائی جانے والی تھی

مگر انھیں ہر حالت میں یہ ملحوظ رکھنا چاہیے کہ محبوبِ خدا اور محبوبانِ مجازی کی توصیف کے لیے صرف ادبی تقاضوں ہی کو نہیں دیکھا جاتا ہے، بلکہ ادب و احتیاط لازمی

ہے۔ یہ ادب اور احتیاط ہی تو شاعری کے پلِ صراط سے کامیابی سے گزر جانے کا سلیقہ سکھاتے ہیں۔ بحمد للہ! ایسے نام ور شعرا بھی بڑی کثرت سے نعت کہہ رہے ہیں جو مقاماتِ مصطفوی ﷺ کی عظمتوں سے آگاہ ہیں اور جن کی قرآن حکیم اور احادیثِ رسول پر بڑی گہری نظر ہے۔

نعتیہ مشاعروں کے انعقاد کی کثرت، نعتیہ دیوانوں کی اشاعت کی کثرت اور جملہ رسائل و جرائد کے مرتبہ نعت نمبروں کی اشاعت کی کثرت اپنی جگہ محمود و مستحسن سہی مگر دیکھنا تو یہ ہے کہ یہ کثرت ہمیں نعت کے حقیقی مفاہیم سے دُور تو نہیں لے جا رہی۔ اگر تیزی سے نعت کہنے والے نعت کے روحانی لوازم اور احترامِ بارگاہِ حضور سے باخبر ہیں تو سبحان اللہ۔ ورنہ انھیں سوچنا ہو گا کہ:

شاعرِ نعت کہو یہ بھی تو ملحوظ رہے
جو بھی کہتے ہو وہ سرکار کے شایان بھی ہے

ہمارے نعت گو شعرا ادب کے ہر میدان میں نعت گوئی کر رہے ہیں۔ نعتیہ قصائد بھی بڑی تعداد میں لکھے جا رہے ہیں۔ مگر ان نعتیہ قصائد میں تشبیب کا مسئلہ محلِ نظر ہے۔ تشبیب میں جنیت نوازی، شاعرانہ تعلّی اور فخر مباہات کا ذکر شاعرانہ وقار سمجھا جاتا ہے۔ مگر یہ کسی دنیاوی بادشاہ یا کسی ایک اقلیم کے سلطان کا قصیدہ نہیں کہ تشبیب کے نام پر جو چاہے لکھ دیا جائے۔ برصغیر کے عظیم محدث شاہ ولی اللہ رحمۃ اللہ علیہ فرماتے ہیں کہ نعتیہ قصائد میں "تشبیب بالنساء" کو ختم ہونا چاہیے ورنہ وہ کیسی نعت ہے جس کی ابتدا ہی غیر موزوں، بے محل اور نعت کے حقیقی حسن سے خالی ہے۔ یہ تو سلطانِ سلاطین اقالیم دو عالم ﷺ کا قصہ ہے۔ یہیں تو خدائے کریم کی ہم نوائی کا شرف حاصل ہو رہتا ہے۔ پھر ایسی تشبیب سے نہ تو خدا کا محبوب خوش ہو سکتا ہے اور نہ ہی خدائے کریم اسے اپنے

محبوب کی مدحت و توصیف جان کر اُخروی سرخ روئی کا پیمانہ عطا کر سکتا ہے۔

عصرِ حاضر کی نعتوں میں حسنِ تغزل کے نام پر غزلیہ مضامین کی بھرمار ہونے لگتی ہے۔ صوفیا کے کلام کو بہانہ بنا کر ایسے ایسے مضامین پیش کیے جاتے ہیں جو نعت کے تقدس سے ماورا ہیں۔ ان صوفیائے کرام نے کوچۂ رسول ﷺ کی جاروب کشی کی سعادت اور آپ کی نظرِ کرم حاصل کرنے کے لیے سب کچھ لکھا تھا۔ اگر قدما میں سے کسی سے کوئی غلطی ہو گئی تو اسے اپنی کوتاہیوں پر پردہ ڈالنے کے لیے بطورِ مثال پیش کرنے سے گریز کیا جائے۔ صوفیائے کرام کی اکثریت وہ کچھ لکھ گئی ہے جس سے ہر دور کو عشق و عقیدتِ رسول کا عملی ادراک حاصل ہوتا رہے گا۔ وہ عظیم لوگ مادّی تقاضوں سے ماورا تھے۔ اُن کا کلام فقط اپنے ذوق کی تسکین کے لیے تھا اور وہ اشاعت کی تمنا سے بے نیاز تھا۔ بہت سا کلام زمانے کی دست بُرد سے محفوظ نہ رہ سکا مگر جو ہم تک پہنچا ہے وہ اعزازِ شاعری ہے۔ کیا عصرِ حاضر کے شعرا اپنے تمام تر دعاوی کے بعد یہ کہہ سکتے ہیں کہ ان کا کلام حسان بن ثابت، کعب بن زہیر، رومی و جامی اور معظم الدین سعدی شیرازی کی طرح ہزاروں سال کی زندگی گزار کر ابدیت سے ہم کنار ہو سکے گا۔

نعت کہیے! بڑے شوق سے کہتے رہیے۔ مگر خدارا ادب و احترام سے منھ نہ موڑیے کہ ادھر تو غزلیہ مشاعرے میں اپنی تازہ ترین غزل پر واہ واہ کرا لی اور اُس سے ملتے جلتے اشعار لکھ کر نعت کی سرخی جما کر داد سمیٹنے کے لیے نعتیہ تقاریب میں بھی چلے آئے۔ آپ غزل بے شک لکھیے، کیوں کہ اکثر اچھے غزل گو شعرا نے ہی میدانِ نعت میں حسنِ تغزل کے گلاب بکھیرے ہیں۔ مگر یہ ملحوظِ خاطر رہے کہ غزل کے حسنِ تغزل اور نعت کے حسنِ تغزل میں زمین و آسمان کا فرق ہے۔ ایک طرف بوالہوسی ہے تو دوسری طرف عشقِ رسول، ایک طرف محبوبِ مجازی کے خدوخال ہیں تو دوسری طرف صاحبِ قران

کے دل آویز خطوطِ سیرت و صورت۔ ایک طرف ادبی تقاضے کا اظہار ہے تو دوسری طرف عاجزی و انکساری، ایک طرف پُر شکوہ الفاظ کی بھرمار ہے تو دوسری طرف محبتِ رسول ﷺ سے حیات تازہ پانے والے مہک بار اور مقدس تصورات کی لطافت انگیزی۔ ایسے عالم میں نعت گو شاعر ذرا بھی احتیاط سے کام لے تو نعت میں بھی حسنِ تغزل کی ضوباری دکھا سکتا ہے۔ مگر یہ کمالِ تغزل ایسا لطافت آفریں ہوگا کہ پڑھنے والوں کی آنکھیں بے اختیار اشکوں سے وضو کرنے لگیں گی۔

ایک صاحبِ فکر نے اس حوالے سے کیا خوب کہا ہے:

نعتِ نبی جو کہتا ہے! اے شاعرو تمھیں
سمجھو کہ ہے گزرنا تمھیں پلِ صراط سے
آنکھیں بھی باوضو ہوں دلوں میں بھی سوز ہو
اک حرف بھی کہو تو کہو احتیاط سے

نعت جیسی پاکیزہ صنفِ سخن میں روایتی غزل کے لیے مستعمل شدہ غزلیہ مضامین عامیانہ سطح کی تراکیب اور معمولی نوعیت کی تشبیہات اور استعارات سے حتیٰ المقدور دامن بچایا جائے۔ غزل میں تو شاعر نے اپنے ممدوح کو ہر لحاظ سے ہمہ خوبی دکھانا ہوتا ہے۔ اس لیے وہ دُور از کار تشبیہات کا سہارا بھی لیتا ہے کہ اس کا محبوب دوسرے شعرا کے محبوبوں سے زیادہ دل آویز، حسین و جمیل نظر آئے۔ اپنی بلند پردازی کے لیے وہ کسی اُصول و ضابطے کا پابندی نہیں ہوتا بلکہ اس کی جملہ ادبی و شعری توانائیاں اپنے محبوب کو ہر لحاظ سے جانِ محبوبی دکھانے کے لیے صرف ہوتی ہیں۔۔۔ مگر نعت میں معاملہ برعکس ہے۔ یہاں تو اُس کی توصیف ہو رہی ہے جسے اُس کے خالق نے پہلے ہی سے ہمہ صفت موصوف بنایا ہے۔ جس میں کسی کمی یا خامی کا وجود تو کجا شائبہ تک نہیں ہے۔ تصور یہ ہونا چاہیے کہ

ہم ایسے ہمہ صفت محبوبِ خدا کی توصیف کر کے اپنے ادبی کمالات کے ظہور میں ایک دوسرے پر بازی نہیں لے جارہے بلکہ ہم تو اس ہمہ صفت موصوف کی ثنا گوئی کر کے اپنی عاقبت سنوار رہے ہیں۔ ورنہ جناب محمد (ﷺ) اور خدائے محمد (ﷺ) ہماری توصیف اور حمد و نعت کے محتاج نہیں۔ البتہ ہماری تمام تر نام وری (اگر میسر ہے تو) احترامِ بار گاہِ رسالت مآب ﷺ ہی میں مضمر ہے اس لیے عامیانہ قسم کی تشبیہات اور استعارات سے گریز کر کے مقاماتِ محمد ﷺ کی سربلندی کو وظیفۂ حیات بنا کر ہی نعت کے قافلے میں صدی خراتی کا فریضہ ادا کیا جاسکتا ہے۔

اس ضمن میں ایک تاریخی واقعے کا تذکرہ ایمان و یقین کے نخل سر سبز کو مزید بہار آفریں بنانے کے لیے کافی ہے۔ اردو زبان کے معروف شاعر جناب اطہر ہاپوڑی نے ایک نعت لکھ کر امام احمد رضا خاں بریلوی قدس سرہ (المتوفی ۱۳۴۰ھ) کے پاس بغرضِ ملاحظہ ارسال کی، جس کا مطلع تھا۔

کب ہیں درخت حضرتِ والا کے سامنے
مجنوں کھڑے ہیں خیمۂ لیلیٰ کے سامنے

امام احمد رضا خاں اس پر برافروختہ ہوئے اور فرمایا کہ مطلع کا مصرع ثانی منصبِ رسالت سے فروتر ہے۔ محبوبِ پروردگار ﷺ کے گنبدِ خضرا کو خیمۂ لیلیٰ سے تشبیہ دینا بے ادبی ہے اور مجنوں میاں بیچ میں کہاں سے آگئے۔ یہ تو ذاتِ رسول ﷺ کا معاملہ ہے۔ ساتھ ہی قلم برداشتہ یوں اصلاح فرمائی۔

کب ہیں درخت حضرتِ والا کے سامنے
قدسی کھڑے ہیں عرشِ معلیٰ کے سامنے

حضرت اطہر ہاپوڑی اس اصلاح پر اتنے خوش ہوئے کہ تمام زندگی اس پر ناز کرتے

رہے۔ یہ اُن تمام شعرا کے لیے لمحۂ فکریہ ہے جو تنقیصِ رسالت کے باب میں معمولی سی توجہ دلانے پر برافروختہ ہو جاتے ہیں اور توجہ دلانے والا اس خوف سے پیچھے ہٹ جاتا ہے کہ

انیس ٹھیس نہ لگ جائے آبگینوں کو

لیکن بات یہاں ان نازک آبگینوں کو ٹھیس لگنے کی نہیں ہے۔ یہاں تو ادب و احتیاط کے تقاضوں کو بالائے طاق رکھنے پر خدائے کریم کی ناراضگی کا خوف ہونا چاہیے۔ دلوں کے نازک آبگینوں کا کیا ہے، یہ تو شاعرانہ تعلّی کے نام پر صدیوں سے ٹھیس لگنے کے عادی ہو چکے ہیں۔ یہ تو شعرا کا معمولِ حیات ہے۔ مگر نعت کے میدان میں اس معمولِ حیات کو ترک کر کے معمولی سی گستاخی سے بھی اجتناب کرنا چاہیے۔ یہاں تو ادب و احتیاط کا یہ عالم ہونا چاہیے کہ

شان اُن کی سوچیے اور سوچ میں کھو جایئے
نعت کا دل میں خیال آئے تو چپ ہو جایئے

بعض حضرات کو اپنی قادرالکلامی پر بڑا ناز ہوتا ہے۔ وہ مشاعروں اور ادبی تقاریب میں جھوم جھوم کر نعت پڑھتے ہیں اور جابجا سامعین کی رہنمائی بھی فرماتے ہیں کہ میرے فلاں فلاں شعر میں ادبی و فنی محاسن ملاحظہ فرمایئے۔ سامعین کی واہ واہ اور داد کو ہی متاعِ عزیز سمجھ بیٹھتے ہیں۔ اپنی قادرالکلامی کا یہ غرور ہی انھیں بے حجابانہ اور گستاخانہ انداز سے آگے بڑھنے اور سرکارِ دو عالم ﷺ سے ہم کلامی کے معاملے میں آداب و احتیاط کو فراموش کرنے کا مذموم جذبہ عطا کرتا ہے۔ انھیں جان لینا چاہیے کہ نعت میں فقط قادرالکلامی اور بیان ہی سب کچھ نہیں ہے۔ نعت گوئی کے لیے حضور اکرم کے فضائل، سعادت و کمالات، حسنِ ظاہر و باطن کی اور ذاتِ اقدس سے متعلقہ دیگر علوم سے واقفیت

حاصل کرنا لازمی امر ہے۔ حضور علیہ الصلوٰۃ والسلام نے سیّدنا حسان بن ثابتؓ جیسے یگانہ روزگار شاعر کو حکم دیا کہ حضرت صدیق اکبرؓ کے پاس جائیں اور ممدوحِ نعت ﷺ کے نسب نامے کے بارے میں معلومات حاصل کریں۔ حضرت عبد اللہ بن رواحہؓ بھی شاعرِ دربارِ رسالت ہیں لیکن ایک بار اُن کے اشعار حضور ﷺ کی بارگاہِ قدس میں پسندیدگی کے حق دارانہ ٹھہر پائے، حضور ﷺ خود بعض نعت گو شعرا کو ٹوکتے اور اصلاح فرماتے رہے تو ان جلیل القدر ہستیوں کے مقابلے میں کہ جن کی خاکِ پا ہمارے لیے سرمۂ چشمِ بصیرت ہے، ہم کس قطار و شمار میں ہیں؟ ہماری اوقات ہی کیا ہے؟ ہماری اوقات تو فقط نسبتِ حضور ہی سے وابستہ ہے اور یہی نسبت اگر پریشانیِ خاطر یا حضور علیہ الصلوٰۃ والسلام کی بارگاہ میں ناپسندیدگی کا باعث بن جائے تو ہماری جادو بیانی اور قادرالکلامی یا قدرتِ زبان و بیاں کس گنتی میں ہے؟ ہمیں جان لینا چاہیے کہ نعت کیسی ہی ہو حضور ﷺ کی رضا حاصل کیے بغیر قرطاس و قلم کی زینت بن ہی نہیں سکتی۔ ہمیں ہر لحظہ یہ امر ملحوظ رکھنا چاہیے۔

آنکھوں میں نور دل میں بصیرت ہے آپ سے
مَیں خود تو کچھ نہیں مری قیمت ہے آپ سے

ربّ کریم نے اپنے محبوب ﷺ کو افصح العرب بنایا، اسی لیے تو آپ اُمّی لقب مگر دانائے کُل ہو کر اچھے نعتیہ اشعار کی داد دیتے اور اظہارِ پسندیدگی بھی فرماتے تھے۔ عاصی کرنالی ایک نئے زاویے سے اظہارِ خیال کرتے ہیں:

کبھی کبھی ہمارے مطالعے سے یہ "آشوب" بھی گزرتا ہے کہ ہم حضور علیہ الصلوٰۃ والسلام کی توصیف میں افراط و تفریط کا شکار ہو جاتے ہیں۔ کبھی تو کسرِ شان کا یہ انداز کہ انھیں اپنے جیسا بشر سمجھتے ہیں یا غزل کے مضامین کا اُن کو مورد قرار دیتے ہیں اور کبھی از

راہِ مبالغہ انھیں اللہ کی مخصوص صفات اور اختیارات کا حامل قرار دیتے ہیں۔ اللہ کے پردے میں وحدت کے سوا کچھ نہیں۔ اس لیے سب کچھ حضور ہی سے مانگنا ہے۔ کیا نعت کے ایسے مضامین قرآن و سُنّت کے مزاج کے مطابق اور دانش و معرفت کے اصول و اطلاق سے مناسبت رکھتے ہیں؟

("نعت رنگ" اپریل ۱۹۹۵ء)

حضور ﷺ کے مقام و مرتبہ کی کوئی حد نہیں۔ آپ کے علوم و معارف کی کوئی انتہا نہیں۔ اس عالمِ ممکنات میں جتنے بھی غزالی، رومی، سعدی، احمد رضا خاں اور علامہ اقبال جنم لیتے رہیں گے، سب کی صلاحیتیں حضور ﷺ کی نگاہِ لطف کی محتاج نہیں۔ ضمائر کے استعمال میں واحد غائب کے لیے وہ اور واحد حاضر کے لیے تُو کا استعمال مناسب ہے یا نامناسب۔ اردو شاعری زیادہ تر فارسی اور عربی کی متبع ہے۔ فارسی میں توُ سے ایک شخص مراد ہوتا ہے جب کہ شما اور ایشاں میں وحدت نہیں اجتماع ہے۔ اردو زبان میں بہت سے شعرا نے بہت سے مقامات پر اسی روش کی تقلید کی ہے:

اے خاصۂ خاصان رُسل وقتِ دعا ہے
اُمت پہ تری آکے عجب وقت پڑا ہے

(حالیؔ)

یا اقبالؔ کی شاعری۔

لوح بھی توُ قلم بھی توُ تیرا وجود الکتاب
گنبدِ آبگینہ رنگ ترے محیط

لیکن اس کے باوجود اقبالؔ کے ہاں آپ کا استعمال بھی ملتا ہے۔ توُ کا صیغہ استعمال کرنے والے بیش تر شعرا کے ہاں آپ کا خطاب بھی ملتا ہے۔ اس بحث میں اُلجھے بغیر یہ

سمجھ لینا چاہیے کہ تو یا آپ کا استعمال شاعر کے بیان کردہ مضمون بحر اور قافیے کا محتاج ہوتا ہے۔ بات حسنِ نیت کی ہے۔ کوشش یہی کرنی چاہیے کہ اگر اوزان اور بحور اجازت دیں تو تعظیمی ضمائر ضرور کا استعمال کرنا چاہیے، مثلاً:

ہر نبوت کے لیے وقت پہ جانا ٹھہرا
آپ آئے تو نہ جانے کے لیے آپ آئے
(عاصی کرنالی)

دانشؔ میں خوفِ مرگ سے مطلق ہوں بے نیاز
مَیں جانتا ہوں موت ہے سُنّت حضور کی
(احسان دانش)

جس کے لبوں پہ ذکرِ نبی کی مٹھاس ہے
اس کو ہوائے گلشنِ فردوس راس ہے
مرہونِ لطفِ سرورِ ہر دو جہاں ہوں
میری زبانِ حال یہ حرفِ سپاس ہے
(راجا رشید محمود)

اگرچہ غزل کا پیرہن تمام مضامین کے یے موزوں ہے اور غزل کا پیرہن ہر قدِ زیبا پر سجتا ہے مگر جیسا کہ ہم پہلے بھی عرض کر چکے ہیں کہ نعتِ رسول ﷺ میں غزل کے مروّجہ اسالیب کے استعمال پر اصرار کرنا کسی لحاظ سے بھی موزوں اور مناسب نہیں ہے۔ غزل تو ہمیں اوزان، قوافی اور بحور دیتی ہے۔ ہمیں مجبور تو نہیں کرتی کہ ہم وہ تمام احکامِ سخن نعت گوئی پر صادر کریں جو غزل کے حوالے سے دنیاوی اور مجازی محبوبوں کے نام پر استعمال ہوتے رہے ہیں۔ اگر اس پر اصرار کیا جائے گا تو نعت اپنے حقیقی روحانی اور ایمانی

حسن کھو کر فقط خوب صورت شاعری کا نمونہ رہ جائے۔ یہ ایک ایسے پھول کی مانند ہو گی جس کی رنگت تو کمال کی ہے، مگر خوش بو سے محروم رہے۔ معروف نقاد ڈاکٹر فرمان فتح پوری رقم طراز ہیں:

نعت کا موضوع اس امر کا متقاضی تھا کہ جدید ہئیتوں میں زیادہ سے زیادہ برتا جاتا۔ لیکن ایسا نہیں ہوا۔ اور ہمارے شعرائے قدیم ہئیتوں خصوصاً غزل کی ہیئت کو اپنائے ہوئے ہیں۔ اس مسئلے پر بطورِ خاص غور کرنے کی ضرورت ہے۔ ورنہ خطرہ یہ ہے کہ اردو نعت گوئی کی صنف غزل میں بند ہو کر محض جلسے جلوس میں ترنم سے پڑھنے اور محافل میں ترنم ریزی کا سرمایہ بن کر نہ رہ جائے۔

(بحوالہ "نعت رنگ"، ا۔ ۲، ص ۱۲۶)

ڈاکٹر فرمان فتح پوری کا مقصود غزل کی ہیئت میں نعت کہنے پر تنقید نہیں بلکہ وہ بھی اس خیال کے ہم نوا ہیں کہ غزل کے قالب کو ہی حاصلِ شاعری سمجھ کر نعت کو اس تک محدود نہ کر دیا جائے۔

احمد ندیم قاسمی کے بقول:

نعت عشقِ رسول کے بغیر کہی ہی نہیں جاسکتی۔ رسماً کہی جائے تو اس کا کھوکھلا پن جلد ہی کھل جائے گا۔

محمد عبد اللہ قریشی بھی کچھ ایسے ہی جذبے کی ترجمانی کرتے ہیں:

نعت گو جب تک عشقِ رسول میں ڈوب کر توحید و رسالت اور عبودیت کے نازک رشتوں میں کامل ہم آہنگی پیدا نہ کرے، جذباتِ عالیہ، سوز و گداز، رفعتِ بیان اور حسنِ ذوق سے آشنا نہ ہو اس وقت تک وہ نعت گوئی کے منصب سے عہدہ بر آ نہیں ہو سکتا۔

شاہ احمد رضا خاں کے اس شعر سے مندرجہ بالا حقائق کو نئی تب و تاب ملتی ہے۔

لیکن رضاؔ نے ختم سخن اس پہ کر دیا
خالق کا بندہ خلق کا مولا کہوں تجھے

ممتاز نعت گو شاعر اور متعدد نعتیہ دواوین کے خالق راجا رشید محمود، مدیر "نعت" فرماتے ہیں:

نعت الفاظ کا حسن اور تشبیہات کا شکوہ ہی نہیں بلکہ اس کے متن سے سلطانِ دو عالم ﷺ کی سر فرازی، آپ کے محاسنِ قدسیہ اور فکر و عمل کی خوش بو آنی چاہیے۔ اس کے پہلو بہ پہلو شاعر کا جذبۂ نیاز و عقیدت بھی وسیلۂ اظہار بننا چاہیے۔ ورنہ نعت محض لفظوں کی ساحری بن جائے گی۔

یوں تو مدح کرنے کے لیے درجنوں حوالے ہیں مگر مندرجہ بالا چند اقتباسات سے ہمارا مقصد یہ ہے کہ نعت کی حقیقی روح ادب و احترامِ رسول ﷺ ہے۔ اگر یہ نہیں تو پھر روشنی سے محروم چراغوں کو پیش کرنے اور خوش بو سے محروم پھولوں کی نمائش سے کیا حاصل۔

مختصر یہ کہ:

* نعت ربّ کریم کی توفیقِ خاص ہے۔ نعت گو کو ہر لمحہ یہ احساس ہونا چاہیے کہ یہ توفیقِ نعت اس کائنات کا سب سے بڑا اعزاز ہے۔ نعت میں ربّ کریم کی ہم نوائی سے بڑھ کر مردِ مومن اور کیا آرزو کر سکتا ہے۔ اگر یہ توفیق مقدر کا حصہ بن جائے تو ہر ساعت ہر آن یہی فکر پیشِ نظر رہنی چاہیے کہ جو ذاتِ عظیم یہ توفیق ارزاں کر رہی ہے، وہ معمولی کوتاہی سے ناراض بھی ہو سکتی ہے اور احترام و عقیدتِ رسول کے تقاضوں کو بجالانے پر ہر نعمتِ عظمیٰ شاعر کا مقدر بھی سنوار سکتی ہے۔

* نعت کا عظیم معیار قرآنِ حکیم ہے۔ نعت گو شعرا کو قرآنِ حکیم، اقوالِ رسول،

احادیثِ نبوی، صحابہ کے جذبۂ عقیدت کے ساتھ، عظیم نعت گو شعرا کے کلام کا باقاعدہ مطالعہ کرنا چاہیے۔ قرآن کے دار الحکمت میں داخل ہوتے ہی ہر سورت اور ہر آیت شوکت و شانِ رسول کے ساتھ ساتھ احترامِ رسول ﷺ پر زور دیتی نظر آئے گی۔ مبارک ہیں وہ نفوسِ قدسیہ جو قرآن سے نعت گوئی سیکھتے ہیں۔ امام احمد رضا خاں فرماتے ہیں۔

ہوں اپنے کلام سے نہایت محظوظ
بیجا سے ہے المنتہ للہ محفوظ
قرآن سے مَیں نے نعت گوئی سیکھی
یعنی رہے احکامِ شریعت ملحوظ
(حدائقِ بخشش)

* نبی مکرم ﷺ کے اوصاف لامتناہی ہیں۔ آپ اس کائنات کی سب سے عظیم ہستی ہیں۔ فکرِ عاجز آپ کے محامد و محاسن اور کمالاتِ عالیہ کا احاطہ نہیں کر سکتی۔ آپ کی صورت کی جلوہ ریزیاں، چہرۂ انور کی طلعت باریاں، معجزات اور کمالات کی کثرت، رحمت و شفقت، پتھر کھا کر دعائیں دینا، جان کے دشمنوں کو رحمت کی قبائیں بخشنا، غارِ حرا سے لے کر سفر معراج تک اور مدینے کے عام شہری سے لے کر مقتدرِ اعلیٰ تک، آپ کی حیاتِ طیبہ کا ایک ایک لمحہ انوار و فیوض لٹا رہا ہے۔ جب شاعر مقاماتِ مصطفیٰ ﷺ کی لافانی بلندیوں اور آپ کے کمالاتِ قدسیہ کی وسعتوں کا تصور کر لے تو بے اختیار اپنی عجز سامانی کا احساس ہونے لگتا ہے کہ وہ کہاں مَیں کہاں؟ جوں جوں اس احساس کی چنگاری بھڑکتی ہے ادب و عقیدت کے آداب عطا ہونے لگتے ہیں۔

* نعت میں فقط تخیلات کی بلندی پر زور دیا جائے تو نعت فقط شعری نمونہ بن جاتی

ہے۔ اس میں تخیلات کی بلند پروازی سے زیادہ حقائق کے اِدراک کا مسئلہ پیشِ نظر ہے۔ اس بارگاہِ عالی میں کمالاتِ مصطفیٰ ﷺ کے حوالے سے کمالِ تحقیق اور انتہائے عجز کے ساتھ حاضری دینی چاہیے۔

* یہ احساس ہر لحظہ پیشِ نظر رہنا چاہیے کہ نعت کہتے ہوئے مَیں خالقِ دو عالم کی سُنّتِ عالیہ ادا کر رہا ہوں۔ محمد مصطفیٰ ﷺ کی ذاتِ گرامی وہ ہستی ہے کہ جس کے حضور فرشتے بھی دم بخود حاضر ہوتے ہیں۔ اس بارگاہِ اقدس میں بلند آواز سے کلام کرنا بھی منع ہے۔ اسمِ محمد ﷺ کو ادا کرنے سے پہلے زبان کو ہزار مرتبہ مشک و گلاب سے عطر بیز کرنا پڑتا ہے۔ یہی نام نامی فرشتوں کا وظیفہ اور جملہ انبیا کی مناجاتوں کی قبولیت کا ذریعہ ہے۔ جب اس حوالے سے شاعر آگے بڑھے گا تو شعری تفاخر خود بخود عجز و نیاز میں ڈھل جائے گا۔

* ممدوحِ نعت کے اوصاف ذہن و فکر کی ہر وسعت سے زیادہ ہیں۔ اس لیے بہت کچھ لکھے جانے اور کہے جانے کی گنجائش باقی رہتی ہے۔ کیوں کہ درود و سلام کے حوالے سے حکمِ خداوندی کی حقیقی معنویت روزِ محشر اُجاگر ہو گی جب آپ شفاعت کا تاج نور زیب سر کیے ہوئے ہوں گے۔ شفاعت طلبی کا احساس شاعر کو بارگاہِ حضور میں پلکوں سے جاروب کشی کرنے کے آداب سکھا دیتی ہے۔

* دورِ حاضر میں نعتیہ محافل اور نعتیہ مجالس کی کثرت ہے۔ محض نعت خوانوں کی آواز اور ترنم کے پیشِ نظر یا اہلِ محفل سے داد وصول کرنے کے بجائے نعت کے حقیقی مفاہیم پر زور دینا چاہیے۔ حقیقی داد عوام الناس کی واہ واہ نہیں بلکہ بارگاہِ خدا اور دربارِ رسالت مآب علیہ الصلوٰۃ والسلام میں قبولیت ہے۔ جب کہ خوشنودیِ رسول ﷺ میں خوشنودیِ خدا ہے تو آپ سے تعلقِ خاطر اور روحانی نسبت کو ادب و عقیدت کے تقاضوں

کو بجالا کر مضبوط سے مضبوط بنانا چاہیے۔

وفا کا سوز تو کندن بنا دیتا ہے انساں کو
محبت جس کو خاکستر کرے گی کیمیا ہو گا

* نعت کے لیے ایسا قلم چاہیے جو عقیدت کے گلاب مہکانا جانتا ہو۔ شاعر اپنے دل کے آئینے کو شفاف سے شفاف تر کرے تاکہ انوارِ محمدی ﷺ کی جلوہ گری ہو سکے۔ جوں جوں شاعر محمدیت کے رنگ میں رنگا جائے گا اس کے جذبے باوضو اور اس کے محسوسات نورِ تقدیس سے ضو ریز ہونے لگیں گے۔ یہی وہ مقام ہے کہ جب ہاتفِ غیبی بھی پکار اُٹھتا ہے کہ یہی تو نعت ہے۔

* نعت کا موضوع عظیم بھی ہے اور نازک بھی۔ یہ عرش سے نازک تر مقام ہے۔ اس لیے احکامِ قرآنی پیشِ نظر رہنے چاہئیں۔

* شاعر کو حضور سرورِ کونین ﷺ کی صورتِ عالیہ اور سیرتِ پاکیزۂ سے مکمل آگاہی ہونی چاہیے تاکہ جب وہ فکرِ نعت میں سرمست ہو تو قلم کی نوک عقیدتِ حضور کے قلزمِ انوار سے وضو کر رہی ہو۔

* حضور علیہ الصلوٰۃ والسلام کی سیرتِ قدسیہ اخلاقِ عالیہ کو اپنی نعت کا موضوع بناتے ہوئے شاعر کو حضور علیہ الصلوٰۃ والسلام کا رُخِ انور پیشِ نظر رکھنا چاہیے۔ وہ رُخِ انور کہ جو قرآن سے جمالِ خداوندی کا آئینہ بن کر اُبھرتا ہے۔ یہ امر پیشِ نظر رکھنا چاہیے کہ محبوبِ خدا کی صورت نے بھی سیرت کا کام کیا ہے اور بے شمار خوش بخت تو حضور ﷺ کا چہرۂ انور دیکھتے ہی دولتِ ایمان سے مشرف ہو گئے۔ یہیں وہ حسنِ تغزل ہو گا جو مجازی تقاضوں سے ماورا ہو کر ادب و عقیدت کا ترجمان ہو گا۔

* یہ حقیقت بھی پیشِ نظر ہونی چاہیے کہ نعت حضور علیہ الصلوٰۃ والسلام کی رضا اور

عطا کے بغیر لکھی نہیں جا سکتی۔

نعت مَیں کیسے لکھوں اُن کی رضا سے پہلے
میرے ماتھے پہ پسینہ ہے ثنا سے پہلے

جب نعت رضائے مصطفوی ﷺ کی بدولت شاعر کی تقدیر سنوار رہی ہے تو کمالِ فن اور حسنِ شعریت پر غرور کیسا؟ یہاں تو ہر آن تجلیاتِ حضور سے اپنے افکار کو ضوبار، کردار کو پاکیزہ تر، محسوسات کو مہک ریز اور جذباتِ عقیدت کو عنبر فشاں کرتے رہنا چاہیے۔

الغرض نعت و ثنائے حضور علیہ الصلوٰۃ والسلام کا کاروانِ نور بصد احترام و عقیدت رواں دواں ہے ازل اور ابد کی حدود سے سربلند ہو کر۔ عصرِ حاضر میں غیر معمولی تعداد میں شعرا کا نعت کی جانب متوجہ ہونا اور نعتیہ کتب اور نعتیہ رسائل و جرائد کا حیرت انگیز تعداد سے شائع ہونا بذاتِ خود رحمتِ خداوندی کی جلوہ گری ہے۔ ہمیں لغزشوں سے دامن بچا کر عشق و عقیدت اور احترام و احتیاط کی روشنی میں آگے بڑھتے رہنا چاہیے۔ اے کاروانِ نعت کے خوش بخت مسافرو! آگے بڑھتے رہو۔ تمھاری نظریں گنبدِ خضریٰ پر جمی رہنی چاہییں۔ تمھارے دلوں میں عظمتِ حضور کی شمعوں کو روشن رہنا چاہیے۔ ذاتی نمود، فنی تفاخر، غیر ضروری مبالغہ آرائی سے بے نیاز ہو کر فقط اور فقط احترامِ محبوبِ دو عالم ﷺ کے سہارے۔

***

حضرت خواجہ بندہ نوازؒ کی نعت گوئی

پروفیسر محمد علی اثر

ہماری ادبی اور تہذیبی تاریخ کی جڑیں عہدِ ماضی میں دُور دُور تک پھیلی ہوئی ہیں۔ دکنی ادب سے مراد ہمارا وہ ادبی اور تہذیبی ورثہ ہے جو آج سے تقریباً چھ سو سال پہلے، تدریجی طور پر، دکن کے مختلف ادبی مراکز، جیسے گلبرگہ، بیدر، گولکنڈہ، بیجاپور اور اورنگ آباد کے علاقوں میں نشو و نما پاتا رہا۔ دنیا کی دیگر بڑی زبانوں کی طرح دکنی اردو میں بھی نثر کے علی الرغم، نظم کی تخلیق پہلے ہوئی۔ شاعری کے میدان میں سب سے پہلے مذہبی مبلغین اور صوفیائے عظام نے قدم رکھا۔ ان بزرگوں نے، مختلف گیتوں، نظموں اور چکی ناموں کی صورت میں صوفیانہ شاعری کا بیج بویا جو دیکھتے ہی دیکھتے اردو شاعری کے ایک شجر سایہ دار کی شکل اختیار کر گیا۔

نعت' اردو شاعری کی سب سے قدیم صنف ہے۔ جو نظم، غزل، قصیدہ، مثنوی، رُباعی، مثلث، مخمس، مسدس جیسی قدیم ہئیتوں کے علاوہ دوہا، ہائیکو، سانیٹ نثری نظم جیسی جدید ہئیتوں میں بھی لکھی جا سکتی ہے۔ اس صنفِ سخن کی موضوعی شناخت پہلے ہے اور ہئیتی شناخت، ثانوی حیثیت رکھتی ہے۔ جہاں تک اردو ادب کے دکنی دور میں نعتیہ شاعری کے فروغ و ارتقاء کا تعلق ہے۔ بہمنی، قطب شاہی، عادل شاہی اور مغلیہ ادوار میں صنفِ نعت پر جس قدر طبع آزمائی کی گئی اور حضور اکرم ﷺ کے فضائل و محامد اور

سیرت طیبہ کے بیان میں جس قدر رنگارنگ گل ہائے عقیدت پیش کیے گئے۔ تاریخ ادب اردو کے کسی بھی دور میں اس کی نظیر نہیں ملتی۔

قدیم دکنی میں مذہبی اور صوفیانہ شاعری کے اولین نقوش کب ابھرنے شروع ہوئے اس کا قطعی طور پر تعین مشکل ہے۔ بہمنی عہد کا وہ دور جس میں دکنی زبان میں تصنیف و تالیف کی روایت پڑنی شروع ہوئی یا شعر گوئی کا آغاز ہوا۔ تاریخ ادب کا ایک تاریک دور ہے۔ اس دور کی عام تاریخ کے بارے میں کافی مواد قدیم تذکروں اور تاریخوں میں مل جاتا ہے۔ لیکن قدیم تاریخیں بالعموم زبان اور شعر و ادب کے تذکرے سے عاری ہوتی ہیں۔ اور پھر جہاں تک اس دور کی دکنی شاعری کا تعلق ہے۔ وہ ایک ایسی زبان کی شاعری ہے جو پہلی مرتبہ بولی کے مرحلے سے آگے بڑھ کر زبان کی منزل میں داخل ہو رہی تھی۔ اس لیے فطری دور پر اس دور کے مصنّفین اور مورخین نے اس جانب کوئی توجہ نہیں کی۔ قدیم دکنی کی اولین تحریریں، دنیا کی اکثر زبانوں کے اولین تحریری نمونوں کی طرح صوفیوں اور مذہبی رہنماؤں کی تحریریں ہیں۔ موجودہ معلومات کی روشنی میں حضرت سیّد محمد حسینی خواجہ بندہ نواز گیسو درازؒ (۷۲۱ھ / ۱۳۱۲ء۔ ۸۲۵ھ / ۱۴۲۱ء) دکنی کے پہلے شاعر اور نعت گو بھی تھے۔ خواجہ صاحب عربی اور فارسی کے بہت بڑے عالم تھے۔

ان زبانوں میں متعدد تصانیف ان سے یادگار ہیں۔ پروفیسر نثار احمد فاروقی کا بیان ہے:

خواجہ صاحب کی اکثر تصانیف فارسی میں اور بعض عربی میں ہیں۔ ان کے علاوہ آپ کا ہندوی (دکنی) کلام بھی ہے۔ ظاہر ہے کہ ہندوستانی زبان اور محاورے سے آپ پوری طرح واقف تھے اور جوامع الکلم سے ایسا اندازہ ہوتا ہے کہ آپ نے کسی قدر

سنسکرت بھی پڑھی تھی۔ اور اس کی بعض کتابوں کا مطالعہ بھی کیا تھا۔ اپنی خانقاہ میں آنے والے عام لوگوں سے آپ ہندوی ہی میں گفتگو کرتے تھے۔* ا

ایک عرصے تک ان سے منسوب رسالے "معراج العاشقین" کی وجہ سے انھیں دکنی اردو کے پہلے نثر نگار کی حیثیت سے شہرت حاصل تھی۔ اس کتاب کو بابائے اردو مولوی عبد الحق کے علاوہ ڈاکٹر خلیق انجم اور ڈاکٹر گوپی چند نارنگ نے بھی مرتب کر کے شائع کیا تھا۔ جامعہ عثمانیہ کے مشہور محقق ڈاکٹر حفیظ قیتل نے معراج العاشقین کی اندرونی شہادتوں کی مدد سے اس کتاب کے خواجہ صاحب سے انتساب کو غلط ٹھہرایا۔ ڈاکٹر قتیل کی تحقیق کے مطابق مذکورہ بالا کتاب دراصل بیجاپور کے ایک اور صوفی حضرت مخدوم شاہ حسینی بکانوری کی تصنیف "تلاوت الوجود" کی تلخیص ہے۔ اور پھر اس کے بعد ڈاکٹر جمیل جالبی نے خواجہ صاحب سے منسوب تمام منظوم اور منثور دکنی رسائل کی بغیر کسی ٹھوس ثبوت کے تغلیط کر دی۔ اور اپنی مرتبہ مثنویِ نظامیؔ "کدم راو پدم راو" کو اردو کی پہلی مثنوی قرار دیا۔ یہی وجہ ہے کہ اردو نعت پر تحقیقی و تنقیدی کام کرنے والے بعض محققین نے دکنی کے نعت گو شعرا میں اولیت کا سہرا "کدم راو پدم راو" کے مصنف نظامیؔ کے سر باندھا ہے چناں چہ ڈاکٹر ریاض مجید نے اردو کے پہلے نعت گو کا اعزاز فخر الدین نظامی کو عطا کرتے ہوئے لکھا ہے:

اس دور کی سب سے پہلی تصنیف جواب تک دریافت ہوئی ہے فخر الدین نظامیؔ کی "کدم راو پدم روا" لہٰذا اردو نعت کے اولین، باقاعدہ اور مستند نمونے کی تلاش میں ہمیں سب سے پہلے اسی مثنوی سے رجوع کرنا پڑتا ہے۔* ۲

پروفیسر محمد اکرم رضا نے نظامیؔ بیدری کی زبان کو خواجہ صاحب کی زبان سے قدیم تصور کرتے ہوئے لکھا ہے:

"کدم راو پدم راو" میں موجود نعت قدیم اردو کا نمونہ ہے اس میں ہندی اور سنسکرت کے الفاظ عام ہیں جب کہ خواجہ گیسو دراز کی نعت ان کی نسبت زیادہ عام فہم اور روزمرہ سے زیادہ قریب ہے۔*۳

اسی طرح حفیظ تائب نے ڈاکٹر جمیل جالبی کی مرتبہ مثنوی کے حوالے سے لکھا ہے:

ڈاکٹر جمیل جالبی نے "کدم راو پدم راو" کے مقدمے میں تفصیلی بحث کر کے یہ نتیجہ نکالا ہے کہ خواجہ گیسو دراز سید اکبر حسین (کذا) کی کوئی اردو تصنیف نہیں لہٰذا فخر الدین کی مثنوی "کدم راو پدم راو" میں حمد کے بعد آنے والے نعتیہ اشعار کو اردو کا پہلا مستند نمونہ سمجھا جاتا ہے۔*۴

اگر خواجہ صاحب سے منسوب نثری رسائل "معراج العاشقین"، "ہدایت نامہ"، "شکار نامہ" وغیرہ کو ان کی تصانیف نہ بھی مانا جائے تو شاعر کی حیثیت سے اُن کی مختلف النوع منظومات اور صوفیانہ گیتوں کو یکسر نظر انداز نہیں کیا جاسکتا۔ مولوی عبد الحق، ڈاکٹر زور، مولوی نصیر الدین ہاشمی، مولوی سخاوت مرزا اور ڈاکٹر جمال شریف نے خواجہ بندہ نواز کی شاعری کے نمونے پیش کرتے ہوئے اُن کو اردو کا پہلا شاعر تسلیم کیا ہے۔ ان نمونوں میں حضرت کے نعتیہ اشعار بھی شامل ہیں۔ ذیل میں حضرت بندہ نواز کی مختلف النوع منظومات سے صرف نعتیہ اشعار کے نمونے پیش جاتے ہیں:

اے محمد، ہجلو جم جلوہ تیرا
ذات تجلی ہوے گی سیس سپورنہ تیرا
واحد اپی آپ تھا اپسیں آپ نجھایا
پرگٹ جلوے کارنے الف میم ہو آیا*۵

مثلث:

او معشوق بے مثال ہے نور نبی نپایا
نورِ نبی رسول کا میرے جیو میں بھایا
اپس کوں اپیں دکھانے کیسی آرسی لایا* ۶

*

نام لے اللہ محمد کا اوّل
کب کا سب کوں کہوں بر محل* ۷

*

پانی میں نمک ڈال نمک دیک نادسے
جب گھل گیا نمک تو نمک بولنا کسے
یوں کھوئی خودی اپنی خدا سات محمد
جب گھل گئی خودی تو خدا بن نہ کوئی دسے* ۸

*

الف اللہ اس کا دستا
میانے محمد ہو کر بستا
سچے طلب یوں کو دستا
گے ما بسم اللہ ہو، ہو اللہ* ۹
(چکی نامہ)

لولاک خلقت الافلاک خالق پالائے
فاضل افضل جیتے مرسل ساجد سجود ہو آئے

اُمت، رحمت، بخشش ہدایت تشریف لائے *۱۰

نعت گوئی کے ان قدیم نمونوں سے یہ استنباط ہوتا ہے کہ قدیم دکنی کا پہلا نعت گو فخر الدین نظامیؔ مصنف مثنوی "کدم راو پدم راو" نہیں بلکہ حضرت بندہ نواز گیسو دراز ہیں۔ دکنی اردو کے صوفی شعرا اور مبلغین اسلام عربی اور فارسی زبانوں پر غیر معمولی عبور رکھتے تھے لیکن اپنا پیغام عوام تک پہنچانے کے لیے مقامی بول چال کی زبان دکنی کو انھوں نے اپنی تقریر اور تحریر کا ذریعہ بنایا۔ دوسرے الفاظ میں مذہب کے زیر اثر قرآن حکیم اور احادیث نبوی کے ترجمے، تفاسیر اور فقہی مسائل کی تفہیم و تلقین سے لے کر سرور کائنات، فخر موجودات حضرت محمد ﷺ کی سیرتِ مبارکہ کا بیان ابتدا ہی سے ملتا ہے۔ سیرت نگاری کے موضوعات میں حضور اکرم ﷺ کے فضائل و شمائل، میلاد و معراج اور معجزات و مغازی سبھی شامل ہیں۔

حوالے و حواشی

*۱۔ پروفیسر نثار احمد فاروقی، خواجۂ دکن حضرت سیّد محمد حسنی بندہ نواز گیسو دراز، ایوانِ اردو، دہلی، مارچ ۲۰۰۴ء، ص ۷

*۲۔ ڈاکٹر ریاض مجید، اردو میں نعت، ص ۱۷۶

*۳۔ "شام و سحر"، نعت نمبر شمارہ ۶، ص ۶۸

*۴۔ "نقوش" نعت نمبر، جلد دہم، ص ۱۶۹

*۵۔ ڈاکٹر اسماعیل آزاد فتح پوری، اردو میں نعتیہ شاعری، جلد اوّل، ص ۱۲۶، ڈاکٹر ریاض مجید، اردو میں نعت، ص ۱۲۶، ڈاکٹر نسیم الدین فریس، دکنی ادب کے مطالعے کی جہتیں، ص ۹۵، مولوی عبد الحق، اردو ابتدائی نشو و نما صوفیائے کرام کا کام، ص ۲۳ جمال شریف، دکن میں اردو شاعری ولیؔ سے پہلے، نظر ثانی، محمد علی اثر، ص ۶۸، راجا رشید

محمود، اولیات نعت، مشمولہ "سفیر نعت"٦، ص١١٥

*٦۔ جمال شریف۔ دکن میں اردو شاعری ولی سے پہلے۔ نظر ثانی محمد علی اثر، ص٦٤، راجارشید محمود۔ اوّلیاتِ نعت، "سفیر نعت" ٢، ص١١٥، نسیم الدین فریس، دکنی ادب کے مطالعے کی جہتیں، ص٩٣

*٧۔ دکن میں اردو شاعری ولی سے پہلے، ص٦٧ سیّد شاہ ندیم اللہ حسنی "شہباز" (بندہ نواز نمبر) مئی ١٩٦٠ء۔

*٨۔ دکن میں اردو شاعری ولی سے پہلے، ص٦٧ نصیر الدین ہاشمی، تاج کمپنی لاہور، ١٣٥٦ھ، ص١٦۔١٧

*٩۔ ڈاکٹر زور، تذکرۂ اردو مخطوطات (جلد اوّل) ترمیم و اضافہ محمد علی اثر، ص١٢١، ڈاکٹر زینت ساجدہ، دکنی گیت، مشمولہ عثمانیہ "دکنی ادب نمبر (١٩٦٤ء) ص٢١٨، محمد نسیم الدین فریس تحقیقات، ص٢١، دکن میں اردو شاعری ولی سے پہلے، ص٦٢، سفیر نعت، ص١١٥، اردو میں نعتیہ شاعری، ص١٢٧۔ ١٠، دکن میں اردو شاعری ولی سے پہلے، ص٦٥

***

سہیل غازی پوری - ایک منفرد نعت گو

فرحت حسین خوشدل

سہیل غازی پوری کا نام اردو دنیا میں کئی جہت سے نمایاں ہے، موصوف کئی برسوں سے اردو کا ایک مشہور رسالہ "شاعری" کراچی سے نکال رہے ہیں۔ یہ رسالہ اس معنی میں منفرد ہے کہ اس میں اردو دنیا کے مشہور و معروف شعرا کی معیاری تخلیقات شائع ہوتی ہیں۔ نیز اس رسالے میں ہر تحریر بشکلِ شعری ہوتی ہے۔ اس میں موصوف کا لکھا ہر تبصرہ منظوم ہوتا ہے جو اپنی انفرادیت کے لیے مشہور ہے یہ تبصرے "باتیں سخن وروں کی" کے نام سے دو جلدوں میں شائع ہو کر منظرِ عام پر آچکی ہیں۔ ان دو مجموعوں کو چھوڑ کر اب تک موصوف کے نو مجموعے ۱۹۸۲ء تا ۲۰۰۹ء شائع ہو چکے ہیں۔ یہ سب شعری مجموعے ہیں۔ شاعری میں وہ حمد، نعت، غزل، ہائیکو، نظم کہنے میں زبردست مہارت رکھتے ہیں۔ ان کا پہلا نعتیہ مجموعہ "شہر علم" ۱۹۸۷ء میں شائع ہو کر مقبولِ خاص و عام ہوا۔ ان کا دوسرا حمدیہ و نعتیہ مجموعہ " مکّہ سے مدینے" کی اشاعت ۲۰۰۹ء میں ہوئی۔

دیگر کتابوں کی طرح اس کتاب کی بھی خوب پذیرائی ہوئی۔ مؤخر الذکر کتاب کی روشنی میں سہیل غازی پوری کی نعتیہ شاعری پر مجھے بات کرنی ہے۔ لیکن اس سے قبل نعت گوئی کے آداب اور اس کے بنیادی تقاضوں پر ایک طائرانہ نظر ڈالنا ضروری سمجھتا ہوں تاکہ اس بات کا اندازہ ہو سکے کہ سہیل غازی پوری نے اپنی نعتوں میں نعت گوئی

کے آداب اور اس کے بنیادی تقاضوں کو پورا کیا ہے یا نہیں۔

اس حقیقت سے انکار نہیں کیا جا سکتا ہے کہ نعت کا موضوع ہماری زندگی کا ایک نہایت اور وسیع موضوع ہونے کے ساتھ مشکل اور دشوار گزار موضوع ہے۔ اس راہ کی دشواریاں اتنی ہیں کہ اس میں ہر شاعر کامیابی حاصل نہیں کر سکتا۔ توحید و رسالت کے فرق کو جانے بغیر اور اسلام کی صحیح معلومات سے آگاہی کے بغیر اچھی اور عمدہ نعت نہیں کہی جا سکتی۔ یہ بھی سچ ہے کہ اس میں بیجا بکواس اور مبالغے اور قیاس آرائی کی ذرا سی بھی گنجائش نہیں۔ یہ اتنی خطرناک راہ گزر ہے کہ فارسی کے مشہور و معروف شاعر عرفی کو یہ کہنا پڑا کہ

عرفی مشتاب ایں رہِ نعت است نہ صحرا است
آہستہ کہ رہ بر دمِ تیغ است قدم را

معلوم یہ ہو کہ حقیقی نعت کا راستہ بال سے زیادہ باریک اور تلوار کی دھار سے زیادہ تیز ہے بقول علامہ ناوک حمزہ پوری "نعت گوئی کا فن اپنے دونوں طرف خاردار جھاڑیوں والی تنگ گزر گاہ سے بسلامتی گزر جانے کا فن ہے، تعریف و توصیفِ رسول ﷺ نہ اس قدر مبالغہ آرائی سے کام لیا جائے کہ وہ شرک کی حدوں کو چھونے لگے نہ ایسا پیرایۂ بیان اختیار کیا جائے جو آپ ﷺ کے عظمت و شان سے فروتر ہو" (نعتیہ شاعری کے آداب)

مذکورہ بالا اقتباس کی روشنی میں سہیل غازی پوری کی نعتیہ شاعری کا جب ہم نے بنظر غائر مطالعہ کیا تو یہ محسوس ہوا کہ موصوف نے اپنی نعتوں میں نہ تو مبالغہ آرائی سے کام لیا ہے نہ ہی ایسا پیرایۂ بیان اختیار کیا ہے جو شرک کی حدوں کو چھوتا ہو نہ آپ ﷺ کی عظمت و شان سے فروتر ہو۔ سہیل غازی پوری کو اس بات کا شدت سے احساس ہے کہ

نعتیہ شاعری میں غلو کی ذرا سی بھی گنجائش نہیں ہے۔ اس لیے وہ کہہ اٹھتے ہیں

چھو لو غلو کی حد نہ کہیں ان کے ذکر میں
ایسے میں ہوشیار زیادہ رہا کرو

شاعر کو اس بات کا بھی احساس ہے کہ

عقبیٰ بھی سنور جائے یہ دنیا بھی سنور جائے
ہم گوشۂ دامانِ محمد کو جو تھامیں
حد پار نہ کر جائے عقیدت کی کسی دن
رہوارِ رہِ نعت کی چھوڑے نہ لگامیں

رسولِ برحق ﷺ سے عقیدت و محبت ہمارے ایمان کی شرطِ اولین ہے لیکن یہی عقیدت و محبت جب حد سے تجاوز کر کے سرحدِ الوہیت میں داخل ہو جاتی ہے تو عین شرک کا مرتکب بنا دیتی ہے۔ اس کے برعکس پیرایۂ بیان اختیار کرنا جو۔ آپ کی شان سے فروتر ہو ہمارے نامۂ اعمال کو حبط کرنے کا ذریعہ بن جاتی ہے

اعمال ہوئے حبط جو اونچی ہوئی آواز
ایمان ہوا ضبط جو اور مگر کی

سہیل غازی پوری کی نعتیہ شاعری کا امتزاج یہ ہے کہ انہوں نے رہوارِ نعت کی لگاموں کو کبھی ہاتھ سے چھوڑنے کی دانستہ بھول نہیں کی ہے۔ "مکہ سے مدینہ" کی پہلی نعت کی تخلیقیت افروزی سے راقم السطور سرشار ہو گیا آپ اس نعت کے چند اشعار دیکھئے۔ سچ تو یہ ہے کہ جب نعت دل سے کہی جائے گی تو اس میں لازماً گہرائی و گیرائی و اثر ضرور پیدا ہو گا۔

میں گزاروں جو کبھی آپ کے در پر لمحے

کاش ہو جائیں وہ صدیوں کے برابر لمحے

پھر سے غارِ حرا ہے جہاں صدیوں سے

ہے دھنک رنگ اجالے تو معطر لمحے

دیکھنے کے لیے سرکار کو معراج کی شب

اپنے محور سے نکل آئے تھے باہر لمحے

اب جو ٹھہریں گے تو ٹھہریں گے درِ آقا پر

میرے ہمراہ چلے ہیں یہی کہہ کر لمحے

شاعر نے ردیف کو کس قدر خوبصورتی سے برتا ہے اس کی تعریف شاید آپ بھی کریں گے۔ تیسرے شعر میں شاعر کا جمالیاتی اسلوب اور شبِ معراج کی منظر کشی، ایسی ویڈیو گرافی کی ہے جس کو پڑھ کر نغمۂ سرمسی کا احساس ہوتا ہے۔ لمحے کا اپنے محور سے باہر نکلنا، اور سرکارِ دو عالم ﷺ کو معراج کی شب دیکھنا، ایک ایسا بلیغ خیال ہے جس کی مثال میری دانست میں اردو شاعری ہو یا فارسی شاعری یا عربی میں نظر نہیں آتی۔ سچ تو یہ ہے کہ یہ جملے صفحۂ قرطاس پر قلم بر داشتہ آتے چلے گئے ہیں۔ اگر کسی ناقدینِ فن کو میرے جملے کی صداقت پر اعتراض ہو تو اس قبیل کا کوئی شعر پیش کرنے کی سعادت حاصل کریں۔ اول الذکر شعر میں شاعر یہ خواہش (خود کو مخاطب کرکے) کرتا ہے کہ آپ کے درِ اقدس پہ جو لمحے گزاروں وہ صدیوں کے برابر ہو جائیں۔

مؤخر الذکر شعر کی معنویت دیکھئے کس خوبصورتی سے شاعر نے یہ بات کہی ہے کہ

اب جو ٹھہریں گے تو ٹھہریں گے درِ آقا پر

میرے ہمراہ چلے ہیں یہی کہہ کر لمحے

سچ تو یہ ہے کہ سہیل غازی پوری کی مذکورہ نعت سحر انگیزی کی بدولت اس مضمون

کو لکھنے دل آمادہ ہوا۔ دنیا مانے یا نہ مانے حمد و نعت اردو شاعری کی مقدس ترین صنف ہے۔ اس کے تقدس، اس کی حفاظت ہی ہمارا دینی شعار ہے۔ راقم الحروف کو نعت گوئی سے گہرا لگاؤ ہے اس لیے میری نظر میں نعت گوئی جذبوں کی طہارت ہے

نعت غزلوں کی طہارت سے مملو خوش دل
سامنے ہو تیرے قرآن یہ کاوش کرنا

سہیل غازی پوری کی نعتوں میں جذبوں کی طہارت بھی ہے اور قرآن و حدیث کی تعلیمات کی عرق ریزی بھی، اپنے دعویٰ کی صداقت کے لیے چند اشعار پیش کر رہا ہوں۔

ہے یہ فرمانِ نبی خدمت سبھی کی کیجیے
کیجیے ہر گام پر انسانیت کا احترام
اس عمل سے خوش بہت ہوں گے محمد مصطفی ﷺ
دشمنوں پر فتح پا کر بھی نہ لینا انتقام

ویسے تو ہزاروں شعر کہے لیکن یہ حقیقت واضح ہے۔ جس شعر میں آقا آپ ﷺ نہیں وہ شعر کہاں مشہور ہوا

سہیل اُن کے درِ اقدس پہ جا کر بیٹھئے صاحب
جو باقی زندگی ہے اب اسے مت رائیگاں کیجیے

اوّل الذکر شعر میں انسانیت کے احترام کی بات کہی جا رہی ہے جو قرآن و حدیث کی تعلیم کا خاصہ ہے۔ عام طور پر اردو کی نعتیہ شاعری میں اس قبیل کے اشعار کی تعداد بہت ہی کم ہے۔ دشمنوں پر فتح پانے کے بعد انتقام نہ لینے کی مثال تاریخ عالم میں کم ہی ہو گی۔ مؤخر الذکر میں رسولِ برحق ﷺ عقیدت و محبت کے جذبوں کی طہارت اس سے بڑھ کر اور کیا ہو گی کہ شاعر خود کلامی اور خود گویائی کی صورت میں یہ کہہ اُٹھتا ہے کہ ان

کے درِ مقدس پہ جاکر اب تو بیٹھیئے جو باقی زندگی بچی ہے وہ دوسری جگہ بیٹھ کر رائیگاں نہ کیجئے۔ یہ تمام اشعار ایسے ہیں جس میں شاعر نے عشقِ رسول اور تکریم رسول کی اپنی فکر کا محور بنایاہے اور تعلیم رسول اور اسلامی اصول کی روشنی میں مکے سے مدینے تک کا سفر طے کیاہے۔

اس مجموعے میں اڑتالیس حمد اور اسّی نعتیں ہیں۔ اُن کی حمدیہ شاعری پر تفصیلی گفتگو ان شاء اللہ کسی دوسرے مقالے میں کروں گا۔ میری ذاتی رائے یہ ہے کہ اس مجموعے کی ہر نعت عقیدت و محبت کی نگاہ سے پڑھنے کے قابل ہے۔ ایک نعت کے چند اشعار دیکھئے۔

مصطفیٰ صلِ علیٰ سے جب دیئے روشن ہوئے
آئینہ خانے کے سارے آئینے روشن ہوئے
اسوۂ سرکار سے جب روشنی مانگی گئی
تب کتابِ زندگی کے حاشیے روشن ہوئے
درمیاں جب آگئے محبوبِ رب العلمیں ﷺ
عبد کے معبود سے سب رابطے روشن ہوئے
نعت پڑھ کر جب مدینے کی طرف اٹھا قدم
جو نہ تھے روشن وہ سارے راستے روشن ہوئے

درج بالا اشعار سہیل غازی پوری کے نعت گوئی کی خصوصیات کو نہ صرف اجاگر کرتے ہیں بلکہ نعت کی تخلیقی سچائیوں کے ساتھ عشقِ رسول کا ایک اکمل ترین نمونہ پیش کرتے ہیں۔

سچ تو یہ ہے کہ سہیل غازی پوری نے سچے عاشقِ رسول کی حیثیت سے رسول اکرم

ﷺ کی ذاتِ ستودہ صفات کی مدحت سرائی کو بخوبی انجام دیا ہے۔ اوّل الذکر شعر کی عالم گیر سچائی سے کون انکار کر سکتا ہے کہ نبی کریم ﷺ کے بعثت سے آئینے خانے کے سارے آئینے روشن ہو گئے۔

"لقد کان لکم فی رسول اللہ اسوۃ حسنہ" کی ترجمانی کرتا ہوا مذکورہ دوسرا شعر۔ معنی کے اعتبار سے اپنے اندر ایک جہانِ معنی رکھتا ہے اللہ نے اپنے محبوب کی اسوۂ حسنہ کو نمونۂ کامل بتایا ہے۔ اس کو جس نے ماڈل بنایا اس کی کتابِ زندگی کے تمام حاشیے یخ لخت روشن ہو گئے۔ یہ ماڈل ایسا ہے جو روزِ قیامت تک نسلِ انسانی کے کام آسکتا ہے۔ تیسرے شعر کی جامعیت اس نقطے میں مضمر ہے کہ عبد و معبود کے سب راستے روشن ہوئے جب محبوب رب العلمین ﷺ نے عبد و معبود کے بیچ کڑی کا کام کیا۔ اس ضمن میں راقم الحروف کے درج ذیل بند ملاحظہ فرمائیں۔

آپ ﷺ کو بخشا خدا نے ایسا عرفانِ یقین
حکمِ رب سے ہٹ کے اک لمحہ کبھی گزرا نہیں
رات کے پچھلے پہر رہتی تھی سجدے میں جبیں
عبد و معبود کے رشتے پہ کی حجت تمام
السلام اے صاحب عرفان لے میرا سلام
آپ ﷺ پر لاکھوں ہو درود اور لاکھوں سلام

مؤخر الذکر شعر میں شاعر کی نعت سے عقیدت و محبت کا یہ عالم ہے کہ وہ بڑے ہی تیقن کے ساتھ یہ کہتا ہے کہ نعت پڑھ کر میں نے جب مدینے کی طرف قدم بڑھائے وہ راستے بھی روشن ہو گئے جو پہلے روشن نہ تھے۔

سہیل غازی پوری کے مجموعے میں جابجا شہر مدینہ کا ذکر بڑی عقیدت و محبت کے

ساتھ آیا ہے۔ ظاہر ہے مدینہ اور صاحبِ مدینہ کے ذکر کے بغیر نعت کی تکمیل نہیں ہو سکتی۔

چند اشعار دیکھیے

ہماری زندگی کیا ہے مزہ کیا آئے جینے میں
ادھر ہم ہیں کرچی میں ادھر آقا مدینے میں

چھو کر نبی کے پاؤں کو یکتائی مل گئی
خاکِ مدینہ تجھ کو مسیحائی مل گئی

میں تھا، دل کی دھڑکنیں تھی اور ذکرِ مصطفی ﷺ
آج تک طیبہ کا وہ پہلا سفر یاد ہے

اوّل الذکر شعر میں اگر سچائی ہے تو یہ شعر میری نظر میں جذبات کی طہارت سے مملو ہے اگر اس میں جھوٹ کی آمیزش ہے تو اس سے اللہ ہم سب کو محفوظ رکھے۔

مؤخر الذکر شعر اس بات کا غمازی کر رہتا ہے کہ شاعری کو حج بیت اللہ اور روضۂ اقدس کو سعادتِ عظمیٰ حاصل ہو چکی ہے۔ شعر میں جذب و کیف کی حالت کو بڑی خوش اسلوبی سے پیش کیا گیا ہے۔ سہیل نے اپنی نعتوں میں رسول اکرم ﷺ کی بعثت مقصد کو ظاہر کیا ہے۔ عشقِ رسول میں جنون کی کیفیت کے ساتھ مکمل ہوش مندی کا ثبوت بھی دیا ہے۔

وہ باخدا دیوانہ باش با محمد ہوشیار
کی کھسوٹی پر کھرے اُترے ہیں

نظر کے سامنے ہو سیرتِ امی لقب ہر دَم
ترقی چاہتے ہیں ہم اگر رزق کے خزینے میں

قلم نے سر جھکا کر یہ دعا مانگی ہے مولیٰ سے
دیا جلتا رہے سرکار کی مدحت کا سینے میں
سہیل اب آپ بھی طاقِ ثنا پر اک دیا رکھ دیں
چمک جس سے رہے تا عمر دل کے آبگینے میں
سیرتِ سرکار جن لفظوں میں ڈھل جائے سہیل
ایسے لفظوں کی رہے گی زندگی بھر جستجو

سچ تو یہ ہے کہ سہیل کی بے شمار نعتیں، اسی قسم کے خیال و فکر میں ڈوبتی ہوئی نظر آتی ہیں تا عمر حضور ﷺ کی مدحت کے چراغ روشن پر ہیں۔ اس کی دعا اُن کے قلم نے سر جھکا کر اپنے مولیٰ امید ہے دل سے نکلی دعا بے اثر نہیں ہوتی۔ نیز وہ یہ بھی کہہ اُٹھتے ہیں کہ طاقِ ثنا پر ایک روشن دیا رکھ دیں تا کہ تا عمر دل کے آبگینے پر اس کی چمک باقی رہے۔ مؤخر الذکر شعر کی شعری جمالیات دیکھئے کہ جن لفظوں سے سیرتِ سرکار کی تقدیم ہوتی ہو ایسے لفظوں کی زندگی بھر جستجو کرنا نہ صرف باعثِ ثواب ہے بلکہ امتِ مسلمہ کا فرضِ اولین ہے۔

سہیل غازی پوری کی نعتوں کی احتیاط مجھے بہت پسند آئی وہ ہے کہ ان کی نعتوں میں آپ ﷺ کے لیے تو، تم، تیرا، تمہارا، تجھے، تمکو، تمہیں وغیرہ کے ضمائر کا استعمال نہیں ہوا ہے۔ جب کہ نعت گوئی میں یہ روش عام ہو گئی ہے۔ یہ بات اگرچہ ہم کو مخاطب کیا جائے تو نبی کریم ﷺ کی آواز سے اپنی آواز کو اونچی مت کرو۔ ایسی صورت میں مذکورہ بالا ضمائر کا استعمال کسی نعت گو کے اشعار میں مجھے پسند نہیں آتا۔ اس لحاظ سے سہیل غازی پوری خوش نصیب ہیں کہ انہوں نے رسولِ کریم ﷺ کو اپنی نعتیہ شاعری میں تم، تیرا وغیرہ کہہ کر مخاطب نہیں کیا۔ دوسری سب سے اہم بات یہ کہ انہوں نے نعت کہتے

وقت ہمیشہ اللہ اور رسول، توحید اور رسالت، عبد و معبود، خالق و مخلوق کے فرق و مراتب کا ہمیشہ خیال رکھا ہے۔

مذکورہ بالا تمام خوبیوں کو ذہن میں رکھ کر راقم الحروف نے انہیں ہند و پاک کے، معتبر نعت گو صدف میں جگہ دی ہے سہیل کے نعت مقطع میں ترمیم و اضافے کے ساتھ اپنی مقالہ کا اختتام کرتا ہوں،

تمہاری نعت کے دو چار مصرعے ہی نہیں روشن

ہمیں تو سارے مصرعے آئینہ بردار لگتے ہیں

***

محمد فرحت حسین خوشدل سے ادبی مکالمہ

مصاحبہ کار: غلام ربانی فدا

فدا: آپ ایک علمی و ادبی خانوادے سے تعلق رکھتے ہیں۔ اختصار کے ساتھ اس کا پس منظر بیان کیجیے۔

خوشدل: میرے داد مولوی محمد کامل برہ پورہ، بھاگلپور اسکول میں ہیڈ مولوی تھے۔ اردو، فارسی، شعر و ادب کے ماہر تھے۔ بھاگلپور کے شہر کے مشہور و معروف محلے میں برہ پورہ کو علمی و ادبی حیثیت سے آج بھی تسلیم کیا جاتا ہے۔ میرے دادا مرحوم کے شاگردوں کی ایک لمبی فہرست ہے۔ جنھوں نے اپنے زمانے میں بڑا نام پیدا کیا۔ مولوی محمد کامل کے چار لڑکے ڈاکٹر محمد عمر عادل، محمد علی، سید علی اور احمد علی تھے۔ میرے بڑے ابو ڈاکٹر محمد عمر عادل نے شہر کے نامور نعت گو شعرا کی فہرست میں بڑا اونچا مقام حاصل کیا۔ میرے والد سید علی مرحوم اردو فارسی پر جور رکھتے تھے۔ شاعری سے بہت دلچسپی تھی۔ علامہ اقبال کی شاعری کے شیدائی تھے۔ شکوہ جواب شکوہ انہیں زبانی یاد تھا۔ مترنم اور بلند آواز میں اکثر علامہ اقبال کے شعر گنگناتے۔ گھر کے ادبی ماحول اور دینی ماحول میں میری پرورش ہوئی۔ میری پیدائش ۵ جنوری ۱۹۵۸ء میں ہوئی۔ بچپن ہی سے شعر و شاعری کا ماحول ملا۔ والدہ محترمہ سیدہ طاہرہ علی نے میری پرورش و برداخت میں کافی اہم رول ادا کیا۔

فدا: شعر گوئی کی ابتدا کب اور کس طرح ہوئی۔ مذہبی خانوادے سے نسبت کے سبب آپ حمد و نعت گوئی کی طرف بھی متوجہ ہوئے۔ سب سے پہلی حمد اور نعت کے مطلع و مقطع سے قارئین کو محظوظ فرمائیں۔

خوشدل: کاروانِ ادب کے نام سے میرے محلے برہ پورہ میں ایک تنظیم تھی۔ ہر ماہ میں اس میں نشست ہوا کرتی تھی۔ ۱۹۷۵ء میں پہلی غزل کہہ کر اس میں شامل ہوا۔ ہمارے استاد علامہ یونس احمد کی شاگردوں کی ایک لمبی فہرست ہے۔ میں ان کا چہیتا شاگرد رہا۔ غزل سے زیادہ حمد و نعت سے وابستگی رہی۔ غزلوں کا ایک مجموعہ "وجدان کے پھول" شائع ہونے والا ہے۔ میری پہلی حمد و نعت کے مطلع اور مقطع ملاحظہ فرمائیں۔

توفیق مجھے دے تو کہوں حمد مثالی
ہر شئے میں تیری شان جھلکتی ہے نرالی
اے قادرِ مطلق یہ مری تجھ سے دعا ہے
ہو خاتمہ ایمان پہ خوشدل ہے سوالی
بعد ثنائے رب معظم، نعت نبی کی جاری ہو پیہم
ذکرِ نبی ہو لب پر ہر دم صلی اللہ علیہ وسلم
قرباں خوشدل شاہِ امم پر، سب کی نظر ہے ان کے کرم پر
محسنِ انسان ہادی عالم صلی اللہ علیہ وسلم

فدا: آپ کی شاعری پر کن اساتذہ نے گہرے اثرات مرتب کیے ہیں؟

خوشدل: علامہ اقبال، سعدی، رومی، غالب، الطاف حسین حالی، امام احمد رضا بریلوی، امیر مینائی، بیدم وارثی، علامہ ناوک حمزہ پوری، صبیح رحمانی، انور سدید وغیرہ۔

فدا: کیا آپ ترنم کے ساتھ اپنا کلام سناتے ہیں؟

خوشدلؔ: مَیں تحت میں اپنا کلام بہت کم سناتا ہوں۔ حمد و نعت تو ترنم میں ہی سناتا ہوں۔ اللہ رب العزت کا میں شکر گزار ہوں کہ مجھے دوسری تمام نعمتوں کے ساتھ مترنم اور بلند آواز عطا فرمائی۔

فدا: حمد نگاری کے مقابلے نعت گوئی کا فن آسان نہیں ہوتا۔ آپ کی اس ضمن میں کیا رائے ہے؟

خوشدلؔ: آپ کا یہ سوال بہت اہم ہے۔ میری رائے اس ضمن میں دوسرے فنکاروں اور نقادوں سے الگ ہے۔ میرے نزدیک دونوں صنفِ اردو شاعری کی مقدس ترین صنف ہے۔ اور دونوں صنف میں طبع آزمائی بھی ہے اور مشکل ترین بھی۔ شرط بس یہ ہے کہ ہمارے دل میں ذراسی بھی کجی نہ ہو نیز قرآن واحادیث صیحہ کا مکمل مطالعہ اور اس پر عمل ہو۔ رسول کریم صلی اللہ علیہ وسلم کو بعد از خدا بزرگ دل سے تسلیم کریں اور غُلو سے اپنا دامن پاک رکھیں۔ اللہ کا مجھ پر بے شمار احسان ہے کہ نعت گوئی میرے لیے عزیز از جان بھی ہے اور آسان بھی۔ میرے پیش نظر عرفی شیرازی کا یہ شعر ہمیشہ رہتا ہے

عرفی مشتاب ایں رہ نعت است نہ صحر است
آہستہ کہ رہ بر دم تیغ است قدم را

میری تازہ ترین نعت کے دو اشعار سنیے

جو کہنا نعت تو قرآن کو پیش نظر رکھنا
مقام مصطفی سے خود کو ہر دم باخبر رکھنا
ہو زباں پر کلمۂ حق سدا، رہوں دور شرک سے میں خدا
ہے دعائے خوشدل ہے نوا کہ ہو دل میں عظمتِ مصطفی

فدا: آپ ملازمت میں کب آئے؟ باضابطہ شرف تلمذ کس سے حاصل ہے؟

خوشدلؔ: ملازمت کا آغاز ۱۹۸۵ء ہزاری باغ کے سنٹ زیویرس اسکول سے ہوا۔ ۱۹۸۸ء میں سنٹ زیویرس اسکول سے استعفیٰ اس لیے دیا کہ اسی سال ۲ ضلع اسکول میں شعبۂ اردو میں میرا اپوائنمنٹ ہو گیا۔ آج بھی درس و تدریس کے مقدس پیشے سے وابستہ ہوں۔ علامہ ناوک حمزہ پوری صاحب کو شاگردی کا شرف حاصل ہے۔ عصر حاضر میں اردو شعراء ادب کے ہر صنف پر مہارت رکھتے ہیں خصوصاً رباعی گوئی میں انہیں اردو دنیا مجتہد تسلیم کرتی ہے اور میں انہیں اردو فارسی رباعی گوئی کا امام تسلیم کرتا ہوں۔

فدا: آپ اردو شاعری کے علاوہ تنقیدی مضامین بھی لکھتے ہیں۔ آپ کی اب تک کتنی کتابیں منظر عام پر آچکی ہیں؟

خوشدلؔ: اللہ کا احسان ہے کہ اردو میں ایم۔ اے ۱۹۸۰ اور ۱۹۸۱ء میں فارسی میں ایم۔ اے کی سند اول درجہ میں حاصل کی۔ ۱۹۸۰ سے ۲۰۰۶ء تک میں کتابوں کے مطالعے میں غرق رہا۔ میرا پہلا مضمون جنوری ۲۰۰۷ء میں فنون کے سالنامے میں شائع ہوا۔ اب تک ۵۹ طویل مضمون اور ۲۷ مختصر سوانحی مضمون لکھ بھی چکا ہوں اور تمام کے تمام مضامین ہند و پاک کے رسائل میں شائع بھی ہو چکے ہیں۔ "ایوان نعت" کے نام کی تجویز راقم الحروف نے جناب سعید رحمانی کے سامنے رکھی تھی یہ کتاب فروری دو ہزار دس میں شائع ہو چکی ہے۔ حمدیہ مجموعہ "الحمد للہ" رمضان المبارک کے اختتام ۱۴۳۱ھ پر نعتیہ مجموعہ "سمعنا و اطعنا" کے ساتھ شائع ہو چکا ہے۔ جس کی اسکینگ کروا کر آپ کی خدمت میں ارسال کر رہا ہوں۔ مجھے خوشی ہے کہ آپ ہندوستانی سرزمین پر حمد و نعت کا واحد خالص معیاری رسالہ "جہانِ نعت" شائع فرما رہے ہیں اور میری دونوں کتابوں کی رسم اجرا "جہانِ نعت" کے ساتھ کرنے کا ارادہ رکھتے ہیں۔ اللہ رب العزت سرور دو عالم

صلی اللہ علیہ وسلم کے صدقے اور طفیل میں آپ کی مساعی جمیلہ کو قبول فرمائے۔ آپ مجھ جیسے ناتواں کو اپنے رسالہ کا مدیر بنانے اور مجھ پر گوشہ نکالنے کا ارادہ رکھتے ہیں اللہ آپ کو جزائے خیر سے نوازے اور مجھ میں یہ حوصلہ دے کہ اس ذمہ داری کو بحسن وخوبی انجام دے سکوں۔

میری نثری کتابیں اور غزلوں کا مجموعہ عنقریب ہی بفضل خداوندی شائع ہو گا۔ دعا کی درخواست تمام قارئین سے کرتا ہوں۔ "جہانِ نعت" کو اللہ بقائے دوام عطا کرے اس کی دعا کرتا ہوں۔ حمد و نعت کے وابستگان سے یہ التجا کرتا ہوں کہ اس رسالہ کو زندہ اور پائندہ بنانے میں محترمی غلام ربانی فدا، مدیر اعلیٰ "جہانِ نعت" کا عملی اور علی تعاون فرمائیں۔

فدا: جناب خوشدلؔ میں آپ کا شکر گزار ہوں کہ آپ نے میری التجا کو قبول فرمایا۔

خوشدلؔ: اللہ آپ کو بھی جزائے خیر سے نوازے۔ اللہ تعالیٰ حمد و نعت کی توسیع اور فروغ دینے میں آپ کے ساتھ میں مجھے بھی شامل رکھے۔ مَیں نے حمد و نعت اکیڈمی نئی دہلی کے جنرل سکریٹری ہزار حسین کرت پوری سے دلی میں یہ وعدہ ۶ اگست ۲۰۱۰ء میں کیا تھا کہ اس اکیڈمی کی شاخ ہزاری باغ میں قائم کروں گا۔ الحمد للہ ۲۵ رمضان ۱۴۳۱ھ بمطابق ۵ ستمبر ۲۰۱۰ء میں اس کا قیام عمل میں آچکا ہے۔ خاکسار کو اس اکیڈمی کا جنرل سکریٹری منتخب کیا گیا ہے۔ اللہ حافظ محمد فرحت حسین خوشدلؔ کو سلامت رکھے۔ آمین

***

فرحت حسین خوشدلؔ کی نعتیہ شاعری میں پیغام اسلام کی ضوباریاں

منصورؔ فریدی

جہانِ شعر و سخن میں نعتیہ شاعری اس مہذب صنف کا نام ہے جہاں آکر تقدس مآب شخصیتوں نے اپنی تقدیس بر قرار رکھی انہیں تقدس مآب شخصیتوں کی روش پر چلتے ہوئے جن حضرات نے نعتیہ شاعری کے حوالے سے اپنی عظمت و وقار کو بحال رکھا اور دنیائے سخن میں اپنی الگ شناخت قائم کرنے میں ہمہ دم کامیاب و کامران رہے ان میں ایک خوبصورت، روح افزا، فرحت بخش نام جناب فرحت حسین خوشدلؔ کا ہے۔

خوشدلؔ: نہ صرف دنیائے ادب میں نعتیہ شاعری کے حوالے سے جانے جاتے ہیں بلکہ بہترین غزل گو اور بہترین مضمون نگار، مبصر، ناقد اور ادیب بھی جانے جاتے ہیں۔ دنیائے نقد و نظر میں اپنی شعوری بصیرتوں کی بنیاد پر ایک صالح ادب اور تعمیری مزاج رکھنے والے ناقد کی حیثیت سے اپنی پہچان بنانے میں نہ صرف وہ کامیاب ہیں بلکہ لوگوں کے دلوں پر راج بھی کر رہے ہیں اور ادب شناس ادباء کے یہاں معتبر بھی۔ گزشتہ دو دہائی سے اپنی تخلیقات کو لے کر رسائل و جرائد میں اپنی موجودگی کا احساس دلاتے رہتے ہیں اور مسلسل تحریری میدان میں لگے رہنا ان کی فطرت کا وتیرہ ہے۔ نظریاتی اختلافات اور فکری رجحانات میں بھی کئی معاملوں میں آپ کے یہاں تصلّب ہے۔ ان کی نثری تخلیقات

پر کسی اور موقع پر گفتگو کروں گا۔ اس وقت موصوف کی نعتیہ شاعری میں پیغام اسلام کی ضوباریاں کے حوالے سے مجھے کچھ گفتگو کرنی ہے۔ آپ کی نعتیہ شاعری عصر حاضر کے دیگر شعرائے کرام سے ہٹ کر مجھے نظر آئی۔ آپ نے اپنی شعری شخصیت کا لوہا لوگوں سے کچھ اس طرح منوایا کہ آپ کا ہر شعر کچھ نہ کچھ پیغام اور انقلابی کیفیت کا حامل ہوتا ہے۔

معجزات رسول ﷺ اور پیغام اسلام کے ان پوشیدہ پہلوؤں کو بھی اپنے اشعار میں پرو کر قارئین کے دل و دماغ کو اسلامیات اور شعرائے کرام کی تخلیقات کو صرف خیال و فکر کے خیالوں سے نہیں بلکہ زمینی حقیقت اور اسوۂ سید ابرار ﷺ سے جوڑ کر سیرتِ سرکار کو شعروں میں پرونے کی ترغیب و ترہیب بھی دلاتے ہیں۔ گویا آپ نے شاعری صرف تفکرات کی بنیاد پر نہیں بلکہ اپنی تفکرات کو اعتبار بخشنے کے لیے چیدہ چیدہ حدیث مصطفیٰ ﷺ کی ترجمانی کرتے ہوئے اسوۂ رسول کو گلے سے لگایا ہے۔ یوں تو ان کے شعروں میں جہاں نصیحت آموز مضامین کی فراوانی ہے وہیں شعری حسن و جمال سے سبھی اشعار آراستہ اور مزین بھی ملتے ہیں۔ بھاری بھر کم لفظوں سے گریز اور سلیس زبان و بیان کے عادی ہیں۔ وہیں فصاحت و بلاغت اور سلاست بیانی کا دریا موجیں مار تا ہے۔ ان تمام خوبیوں کا پس منظر مطالعہ کائنات اور مطالعہ کتب کا غماز ہے۔

میں سمجھتا ہوں کہ خوشدل نعتیہ شاعری کے جس اسلوب کی اس وقت پرورش کر رہے ہیں اگر یہی کام تمام شعرا کرنے لگ جائیں تو سرکار کے اقوال اور صحابہ کے کردار ہمارے سامنے نمایاں طریقے سے آ سکتے ہیں جس سے بہت بڑا فائدہ اپنی ملت کے افراد کو ہو گا اور جب محفلوں میں ننھے ننھے بچے اس کو گنگنائیں گے تو سامعین کے دلوں میں اس کے مثبت اثرات مرتب ہوں گے۔ گھروں کے ماحول بدلیں گے اور سماج میں صالح

قدروں کا ماحول پروان چڑھے گا۔ جہاں روز و شب خواجۂ کائنات کے افعال اور اقوال پر عمل بھی ہوگا اور ایمانی ضیاباریاں بھی۔

خوشدلؔ نے اپنی بے پناہ مصروفیتوں کے باوجود اپنی نعتیہ شاعری کے اکثر مقامات پر اتنے خوبصورت اشعار اپنی چابکدستی اور فکری توازن کے ساتھ نکالا ہے کہ سامع کو حمد کا گمان ہوتا ہے۔ بقول صابرؔ جبلپوری۔

اس عقیدت سے پڑھی صابرؔ نے نعت مصطفی * سننے والوں کو سنا ہے حمد کا دھوکا ہوا

آپ کی نعتیں بھی کچھ انہیں کیفیات سے مملو ہیں۔ حالانکہ آپ نے حمد، نعت اور نعت میں نعتیہ ثلاثی، خمسہ، منقبت اور سلام نہایت سلاست کے ساتھ کہی ہیں۔ آپ قطعات میں بھی اچھا درک رکھتے ہیں۔ فہم و ادراک کے ساتھ درمیان مطالعہ ان کے اشعار تہدار معنوی بصیرتوں کا پتہ دیتے ہیں اور نقاد کے انتقادی جذبوں کا احترام کرتے ہوئے اس کی کسوٹی پر کھرے اترنے میں دیر نہیں کرتے۔ یہی سبب ہے کہ تنقیدی بصیرتوں کے حامل شخصیات نے آپ پر مثبت پہلوؤں کے ساتھ تبصرہ کیا ہے اس وثوق کے ساتھ کہ ان کے یہاں فنی جھول دور دور تک نہیں ملتا۔ آپ پر علامہ ناوکؔ حمزہ پوری، سعیدؔ رحمانی، ابوالبیان حمّادؔ کے علاوہ دیگر شخصیتوں نے بھی اپنے تاثرات اور تنقیدات کے ساتھ حسن و قبح بیان کرنے کی بھرپور کوشش کی ہے مگر ان کے کلام کی بلاغت نے کسی کو انگلی رکھنے کی اجازت نہیں دی۔

سطور بالا میں، میں نے اس بات کا تذکرہ کیا ہے کہ آپ کے یہاں حمد سے لے کر تمام اصناف سخن پر طبع آزمائی کی ہے اور وہ بھی برائے نام نہیں بہتات کے ساتھ۔ نعتیہ ثلاثی ہو یا منقبت، حمد کے اشعار ہوں یا قطعات، سلام ہو یا واردات قلبی کی دیگر کیفیات کی ہر جگہ جلوہ سامانی اور عکس ریزی موجود ہے۔ آمد رسول ﷺ سے قبل کی کیفیت اور

حالات سے کون واقف نہیں۔ یہ حقیقت ہر ایک پر روشن ہے کہ ناانصافی اور ظلم وجبر کی سرگرمیاں جو اس وقت اپنے شباب پر تھیں آپ کے آتے ہی یکسر بدل جاتی ہیں۔ اس روشن انقلاب کو شاعر کیسے خوش آمدید کہتا ہے ملاحظہ فرمائیں۔

آپ آئے تو مہک اٹھا بصیرت کا گلاب

خُلق کی خوشبو میں پوشیدہ ہے سیرت کا گلاب

آپ کی طاعت میں پوشیدہ ہے رب کی بندگی

فاتّبعونی میں پنہاں ہے اطاعت کا گلاب

عمر بھر نعتِ نبی خوشدل رہے لب پر ترے

یونہی بس کھلتا رہے ہونٹوں پہ مدحت کا گلاب

چونکہ مدحت سید والا سے لاکھوں نے اپنی تقدیر جگائی ہے اور اپنے لیے نجات و بخشش کا سامان کیا۔ نعت کا لکھنا پڑھنا اور سننا یہ سب کے سب عبادت میں شامل ہیں اور نعت کہنے والا اپنی مرادیں ضرور پاتا ہے کیونکہ تاریخ اسلام کا وہ زریں باب بھی میری نگاہوں کے سامنے ہے۔ یہی وہ نعت ہے جس نے حضرت حسان بن ثابت رضی اللہ تعالیٰ عنہ کو وہ اعزاز دیا کہ سرکار خود نیچے بیٹھے اور منبر پر حضرت حسان کو بیٹھا کر نعت پڑھنے کا حکم فرمایا۔ شاعر اپنی بخت پر نازاں ہے اور کچھ یوں گویا ہے۔

نعت جب لکھتا ہوں تو میرا قلم جاگتا ہے

یاد جب آتے ہیں وہ دیدۂ نم جاگتا ہے

حمد اور نعت کے اشعار سجانے کے لیے

میرے ہاتھوں میں ہر اک لمحہ قلم جاگتا ہے

اور آگے جا کر پھر یوں کہتے ہیں۔

ان کی مدحت کی بدولت ہوا سینہ روشن
نعت لکھتا ہوں تو ہو جاتا ہے خامہ روشن
آپ آئے تو یہ اعجاز جہاں نے دیکھا
سارے عالم پہ ہوئے نقش صحابہ روشن
جس سے تفریق عرب اور عجم ختم ہوئی
علم والوں پہ ہے وہ آخری خطبہ روشن

"جس سے تفریق عرب اور عجم ختم ہوئی۔ علم والوں پہ ہے وہ آخری خطبہ روشن" اس شعر کے ذریعہ شاعر نے پیغام رسول ﷺ کی ہمہ گیریت اور آپسی اختلافات خصوصاً آج جو علاقائی عصبیت لوگوں کے دلوں میں پل رہی ہے کا ذکر بڑی خوبصورتی سے کیا ہے۔ میں نے دیکھا ہے علم و ادب اور فن کے ساتھ قائدانہ صلاحیتوں کے مالک ہونے کے باوجود بھی صبح سے شام تک اپنا وقت علاقائی عصبیت اور تنگ نظری کا آئینہ دار بن کر گزار دیتے ہیں۔ انہیں احساس تک نہیں ہوتا کہ ہمارے وجود کا مقصد کیا ہے۔ ہم کس مقام پر بیٹھ کر قوم کے سرمائے، امن وسکون، اتحاد و اتفاق کو ضائع کر رہے ہیں۔ اللہ کے رسول کی نگاہ بصیرت ایسے افراد پر بھی تھی۔ یہی سبب ہے کہ رسول ﷺ نے اپنی زندگی کے آخری لمحات میں بھی علاقائی تفوق و برتری کو دور کرنے اور عرب کو عجم پر عدم تفوق کا درس دیا۔ اس کے علاوہ بھی خوشدلؔ کے یہاں رنگ طریقت اور رموز تصوف کے حوالے سے بھی خوبصورت اشعار دیکھنے کو ملتے ہیں، جہاں طریقت کی اعلیٰ منزلوں کے ذکر میں سر مستیِ شوق جنوں کا عکس ملتا ہے مثلاً

مئے عشق شاہ بطحا کا جسے پتہ نہیں ہے
وہ خدا کی بندگی سے ابھی آشنا نہیں ہے
مرے دل میں شاہ دیں کا ہے چراغ کب سے روشن

جو ہزار آندھیوں میں سرِ رہ بجھا نہیں ہے

علامہ اقبال نے کہا ہے۔

کی محمد سے وفا تو نے تو ہم تیرے ہیں

یہ جہاں چیز ہے کیا لوح و قلم تیرے ہیں

مگر اسی مضمون کی ترجمانی خوشدلؔ کس اسلوبی کے ساتھ کرتے ہوئے گزر جاتے ہیں کہ احساس تک نہیں ہوتا کہ کوئی پرانا مضمون دہرایا جارہا ہے۔ صرف اس وجہ سے کہ آپ نے سلاست بیانی کا مکمل جوہر اور ادیبانہ تیور کے ساتھ شعوری بصیرتوں کو بھی مکمل اور مستعد کیا ہے ملاحظہ ہو۔

نعمت عظمیٰ ملے گی تجھ کو خوشدلؔ شرط ہے * کر محمد کی اطاعت رب کا یہ فرمان ہے

ٹھیک اسی طرح "بعد از خدا بزرگ توئی قصہ مختصر" کو اپنی نگاہوں میں رکھتے ہوئے خوشدلؔ یوں رقم طراز ہیں۔

قلم خوشبو کا مل جائے صحیفہ نعت کا لکھّوں

ادب گاہِ حرا لکھّوں انہیں بعد از خدا لکھّوں

نہیں آسان ہے حمد و ثنا اور نعت کا لکھنا

نبی کو میں نبی لکھّوں خدا کو میں خدا لکھّوں

سند بن جائے اک اک حرف میری نعت کا مولیٰ

امام احمد رضا جیسی میں نعت مصطفیٰ لکھّوں

دراصل ان کیفیات قلبی کو صفحۂ قرطاس پر لانے میں خوشدلؔ کو دقتوں کا سامنا نہیں کرنا پڑتا خاص کر اس وقت جب قلب مومن میں عشق کی شمع فروزاں ہو الفاظ خود بخود لفظوں کا جامہ پہن کر اور سج دھج کر رونق قرطاس ہوتے ہیں اسی لیے کہتے ہیں۔

نبی کے عشق کا دریا مرے سینے کے اندر ہے

اگر یہ عشق صادق ہے تو پھر کس بات کا ڈر ہے
محبت سرورِ کونین کی جس دل میں ہو خوشدلؔ
بلاشک بر سرِ اوجِ فلک اس کا مقدّر ہے

جہاں تک میرے مطالعہ میں آیا ہے ان کے مذکورہ بالا اشعار میں کسی بھی قسم کی کمی کا احساس نہیں ہوا ہاں اتنا ضرور ہے کہ ان شعروں کی کیفیات سمجھنے کے لیے تھوڑا سنجیدہ ہونا پڑے گا ورنہ سرسری مطالعہ کے دوران کئی مقامات ایسے آئیں گے جہاں عجلت پسند گھبرا کر کچھ بھی فیصلہ کر سکتے ہیں۔ اس کے علاوہ ان کے چند اشعار آپ کے ذوق مطالعہ کے حوالہ کر رہا ہوں۔

نبی کے اسوۂ حسنہ کا یہ کمال رہا
جو ان کی رہ پہ چلا وہ شگفتہ حال رہا
نبی کے عشق میں یہ حال ہے مرے دل کا
نہ فکر فردا، نہ امروز کا خیال رہا
قرطاس دل پہ جب لکھا نغمہ رسول کا
لفظوں میں، میں نے دیکھا سراپا رسول کا
عہد گزشتہ لوٹ کر آئے گا ہے یقیں
پورا اگر کریں گے تقاضہ رسول کا

آخر میں، میں انہیں کے شعر کو بطور مبارکباد پیش کر کے رخصت ہو رہا ہوں۔

خوشدلؔ تو خوش نصیب ہے صدقے میں نعت کے
ہر گام پہ نبی کا تجھے نقشِ پا ملا

***

اقلیم نعت کا سفیر: فرحت حسین خوشدل

اوجؔ اکبر پوری

حضور اکرم ﷺ کی تعریف و توصیف بمصداق "بعد از خدا بزرگ توئی قصہ مختصر" ایمان کا ایک جزو ہے۔ بلکہ ایمان اس وقت تک مکمل نہیں ہو سکتا جب تک مصطفیٰ جان رحمت ﷺ کا نام نامی اسم گرامی زبان پر نہ آئے۔ "لا ایمان لمن لا محبۃ لہٗ" سے ظاہر ہے حبِ رسول ہر مومن کے ایمان کی نشانی ہے۔ جس کے دل میں سرور کائنات کی محبت نہ ہو اس میں ایمان نہیں۔ گویا حبِ نبی مدار ایمان و اسلام ہے۔ ہر مومن کا دل کم و بیش عشق رسول سے لبریز ہے۔ قرون اولیٰ کے مسلمانوں نے حضور والا صفات پر اپنا سب کچھ نثار کر دیا اور تا حیات اس حدیث مقدسہ پر عمل پیرا رہے کہ "تم میں سے کوئی اس وقت تک مومن نہیں ہو سکتا جب تک میں (ذات محمدی) اس کے سامنے اس کی اولاد، ماں باپ اور دنیا کے تمام لوگوں سے زیادہ محبوب نہ ہو جاؤں"۔ یہی نہیں کہ اس عشق و محبت کا اظہار اعضا و جوارح اور مال و متاع سے کیا بلکہ ہر زمانہ میں اپنی تحریر و تقریر میں سراپائے نبی اور سیرت مصطفی ﷺ کو بقدرِ ظرف لوگوں نے بیان کیا ہے اور کیوں نہ ہو جب کہ خود خالق کائنات نے قرآن مقدس میں آپ ﷺ کی سیرت پاک اور نعت، خاص کر آپ کی عظمت و بزرگی کو بیان کیا ہے۔ سورہ حجرات کی ابتدائی آیتیں اس کی گواہ ہیں۔ اس کے علاوہ دوسری جگہ قرآن مقدس میں ہے کہ اللہ اور اس کے فرشتے

آپ پر درود و سلام بھیجتے ہیں اس لیے اے مومنو تم بھی درود و سلام بھیجو۔

شعر و شاعری کے حوالے سے بھی سیرت مصطفیٰؐ اور نعت نبی کو حیات طیبہ میں احاطۂ تحریر میں لایا گیا۔ چنانچہ سب سے پہلی نعت تو وہ ہے جب ہجرت کے مبارک سفر کے موقع پر آپ کا مدینہ منورہ میں داخلہ ہوا تو نجار کی لڑکیوں (جو آپ کی ننھیالی رشتہ دار تھیں) نے اپنے مکان کی چھت پر دف بجا بجا کر آپ کی شان میں یہ نعت پڑھی اور آپ کا استقبال کیا۔

طلع البدر علینا * من ثنیات الوداع

وجب الشکر علینا * ما دعا للہ داع

اور پھر آگے چل کر حمد و نعت نے ایک فن کی صورت اختیار کر لی۔ چنانچہ سب سے پہلی منظوم نعت صحابی رسول حسّان بن ثابتؓ نے لکھی۔ جس میں حضور اکرم ﷺ کے رخسار، منور زلف و کاکل اور پیکر جمال کو اپنے عاشقانہ انداز میں بیان کیا۔ قصیدہ بردہ عربی کی مشہور کتاب ہے اسی میں یہ نعت موجود ہے۔ اس کے علاوہ تقریباً ہر زبان میں نعت گو شعراء کی ایک جماعت تیار ہو گئی۔ بالخصوص فارسی میں بہت نعتیں لکھی گئیں۔ ایسے شعراء کی تعداد بیشمار ہے۔ جامیؔ، سعدیؔ، فرید الدین عطارؔ اور اس قبیل کے کئی شعراء ہیں جنہوں نے نعت لکھی ہے۔

بلغ العلا بکمالہ * حسنت جمیع خصالہ

یا صاحب الجمال و یا سید البشر
من وجہ کل منیر لقب نور القمر
لا یمکن الثنائے کما کان حقہ
بعد از خدا بزرگ توئی قصہ مختصر

مرحبا سید مکی مدنی العربی

دل و جاں باد فدایت چہ عجب خوش لقبی

یہ سب نعت کے مشہور زمانہ اشعار ہیں۔ جن کی تفصیل کی گنجائش اس مقالے میں نہیں۔ حقیقت یہ ہے کہ یہ ایسا موضوع ہے جس پر جتنا کچھ لکھا جائے کم ہے۔ لیکن یہ یاد رہے کہ نعت گوئی سہل اور آسان نہیں۔ یہ کانٹوں بھرا راستہ ہے۔ ہر لحظہ اور ہر قدم پر آداب ملحوظ رکھنا پڑتا ہے۔ خدا کی شان میں کوئی حرف بے جا ہو جائے تو وہ غفورالرحیم ہے۔ لیکن خود ذات باری تعالیٰ کو یہ گوارہ نہیں کہ اس کے محبوب کی شان میں کوئی حرف بے جا کا استعمال ہو۔ اس میدان میں خوب سنبھل کر قدم رکھنا پڑتا ہے۔ آپ ﷺ نے خود فرمایا ہے کہ میرے رتبے کو اتنا نہ بڑھاؤ کہ خدا کی ہمسری کا درجہ حاصل ہو جائے اور نہ اتنا گھٹادو کہ اپنے برابر کر دو۔ حالانکہ اس سے انکار نہیں کیا جا سکتا کہ آپ خدا نہیں ہیں لیکن خدا کے بعد ساری خلقت میں آپ سب سے برتر اور بزرگی والے ہیں۔ اس تمہید کے بعد ہم اقلیم نعت کے ایک ایسے سفیر کا ذکر کرنے جا رہے ہیں جنہیں فرحت حسین خوشدلؔ کے نام سے اردو دنیا میں جانا جاتا ہے۔ جو بھاگلپور کے ہوتے ہوئے ہزاری باغ جھارکھنڈ کو اپنے قدوم میمنت لزوم سے مالامال کیے ہوئے ہیں۔ بقول سعید رحمانی: "محمد فرحت حسین خوشدلؔ اسلامی فکر کے حامل ایک خوش فکر شاعر ہیں۔ صالح قدروں کا فروغ ان کا مطمع نظر ہے اور قرآنی ارشادات ان کی شاعری کی اساس۔ حالانکہ غزل اور دیگر اصناف سخن میں بھی انہوں نے اپنی جولانیٔ فکر کے جوہر دکھائے ہیں مگر فطری رجحان طبع اور ذہنی مناسبت کی رو سے حمد یہ نعتیہ شاعری سے جذباتی وابستگی ہے اور اس صنف میں انہوں نے خاص پیش رفت بھی کر لی ہے۔ مجموعہ کی ابتدا انہی کی ایک حمد اور ایک نعت پاک سے کی جا رہی ہے"۔ (ایک شاعر ایک غزل سلسلہ نمبر ۲ صفحہ ۸)

درج بالا اقتباس اور ان کی نعتوں کے مطالعے کے بعد میں یہ بات کہنے میں حق بجانب ہوں کہ خوشدل نعت گوئی کے فن میں یکتائے روزگار نظر آتے ہیں ان کی کئی نعت میری نظر سے گزری ہے۔ الفاظ کی جدت طرازی، خیالات کی ہم آہنگی اور جذبات کا اعتدال یہ سب ان کی نعت میں پایا جاتا ہے۔ سب سے اہم بات یہ ہے کہ قرآن و حدیث کا مطالعہ بھی خوب ہے۔ موصوف کی نعتوں میں، میں نے محسوس کیا ہے کہ ان کی نعت افراط و تفریط سے پاک ہے۔ انہیں سرحد الوہیت اور سرحد رسالت کا خوب خوب عرفان ہے۔ وہ نعت لکھتے ہیں تو لکھتے ہی چلے جاتے ہیں۔ لگتا ہے نعت گوئی کے وقت ان پر الہامی کیفیت طاری ہو جاتی ہے۔ خیالات کا دریا ہے جو ان کی نعت میں موجزن نظر آتا ہے۔ ایک نعت میں وہ خود لکھتے ہیں۔

مری ہر نعت کا لہجہ نیا اوّل سے آخر تک
مرا ہر شعر ہے رب کی عطا اوّل سے آخر تک
میں اپنے دل سے کچھ لکھتا نہیں مدح محمد میں
ثنا خواں ہوں بحکم کبریا اوّل سے آخر تک
یقیناً دور ہوں گے مسئلے سب عصر حاضر کے
ترے پیش نظر ہوں مصطفیٰ اوّل سے آخر تک
شفاعت کی طلب سب کو یقیناً حشر میں ہو گی
نبی کے عشق میں تو ڈوب جا اول سے آخر تک
وہی ملجا و ماوی ہیں یقیناً سن لے اے خوشدل
نبی کا جو ہوا اس کا خدا اوّل سے آخر تک

موخر الذکر شعر میں شاعر نے مسلم اُمّہ کو یہ درس دینے کی کوشش کی ہے کہ عصر

حاضر کے تمام مسائل دور ہو سکتے ہیں اگر ہمارے پیش نظر حضور اکرم ﷺ کا اسوۂ حسنہ اول سے آخر تک ہو۔ دوسرے شعر میں اپنے موقف کا اظہار کرتے ہوئے یہ لکھا ہے کہ رسول ﷺ کی نعت بحکم کبریا لکھتے ہیں۔ شاعر کی تمنا ہے کہ وہ صبح و مساء یاد مصطفٰے اور نعت نبی میں وقت کو گزارے اور اس کی شاعری میں صرف پیکر رحمۃ للعالمین کا بیان ہو اس لیے وہ کہہ اٹھتا ہے۔

دل میں یادِ خدا لب پہ نعتِ نبی صرف ایسی مجھے شاعری چاہیے
اس سے زیادہ کی مجھ کو ضرورت نہیں لب پہ دن رات نعتِ نبی چاہیے
قصہ مختصر ذکر خیر البشر رحمت حق سے روشن ہوں قلب و جگر
پھر عطا ہو مجھے روشنی کا سفر مجھ کو عقبیٰ کی بس بہتری چاہیے

شاعری خاص کر نعت گوئی میں فصاحت اور سلاست کا ایک خاص رچاؤ کے ساتھ ہونا ضروری ہے۔ اس نہج سے دیکھتے ہیں تو خوشدل کو بلاشبہ زبان و بیان پر قدرت حاصل ہے اور لب و لہجہ میں انفرادیت ہے۔ میری ذاتی رائے یہ ہے کہ موصوف کی شاعری دماغ کی نہیں دل کی ہے جو دلوں پر اثر کرتی ہے۔ ان اشعار کو دیکھیں۔

جب کبھی تذکرۂ شہر پیمبر جاگا
آپ آئے تو زمانے کا مقدر جاگا
ہو سکے تو یہ صبح و شام کرو
نعت گوئی کا اہتمام کرو
جن کو نسبت نبی سے ہے خوشدل
ان کا تم دل سے احترام کرو

شاعر مسلمانوں کے موجودہ حالات کو دیکھ کر بے چین ہو اُٹھتا ہے۔ وہ چاہتا ہے کہ

مسلکی مشاہدات سے اوپر اٹھ کر حبِّ رسول کا جو اصل تقاضہ ہے اسے پورا کیا جائے۔ "اُمّت مسلمہ کی فریاد" کے تحت ایک جگہ رقم طراز ہیں۔

ہے ہم کو آپ کے رب کا سہارا محترم آقا
نہیں دنیا میں کوئی بھی ہمارا محترم آقا
عمل ہو آپ کے گر اسوۂ حسنہ پہ انساں کا
چمک جائے مقدر کا ستارا محترم آقا
بٹے ہیں مسلکوں کے تنگ خیموں میں ابھی تک ہم
خسارہ ہی خسارہ ہے ہمارا محترم آقا

خوشدل صاحب کی شاعری میں ندرت فکر اور مضامین میں جدت انفرادی آہنگ کے ساتھ پائی جاتی ہے۔ فکر کی گہرائی کے ساتھ گیرائی اور زبان و ادب میں میانہ روی کا انوکھا پن بھی ہے۔

قرطاس دل پہ جب لکھا نغمہ رسول کا * لفظوں میں میں نے دیکھا سراپا رسول کا
ایمان کی سلامتی کرتی ہے یہ طلب * ہر دم ہو میرے سامنے اسوہ رسول کا
عہد گزشتہ لوٹ کے آئے گا ہے یقیں * پورا اگر کریں گے تقاضہ رسول کا

خوشدل صاحب میں اخلاقی قدریں بھی بڑی گہرائی کے ساتھ ہیں۔ کوئی بھی شخص بہت جلد ان کا گرویدہ ہو جاتا ہے۔ یہی وجہ ہے کہ قلیل مدت میں انہوں نے بہت جلد اپنا سکہ جما لیا۔ بحیثیت ادیب اور ناقد ان کی شناخت مستحکم ہو چلی ہے۔ نعت کے علاوہ تقریباً ہر صنف سخن میں اپنا کمال دکھایا ہے۔ بالخصوص نعت گوئی اور حمد نگاری کی روایت کو نیا لب ولہجہ عطا کرکے اور دل گداز مترنم آواز میں پڑھ کر ادبی دنیا میں اپنی منفرد پہچان بنائی ہے اور بلند مقام حاصل کیا ہے۔ عنقریب ہی موصوف کا مجموعہ حمد و مناجات و نعت

پاک "سمعنا و اطعنا" منظر عام پر آنے والا ہے۔ میرے سامنے موصوف کی طویل غیر مردف نعت ہے جس میں اٹھائیس اشعار ہیں۔ اپنی بات اسی پر ختم کرتا ہوں اور دست بدعا ہوں کہ اللہ کرے زور قلم اور زیادہ۔ ساتھ ہی گفتار اور کردار دونوں کے غازی بن کر میدان عمل میں نعت گوئی کے توسط سے ان کی شناخت بنے۔ آمین!

اے خدا میں بھی لکھوں نعتِ شہنشاہ امم
آپ کی سیرت لکھوں لمحہ بہ لمحہ دم بدم
خُلق اور خَلق میں بس آپ ہیں عالی مقام
جملہ مخلوقات میں ہیں آپ سب سے محتشم
نعت گوئی کا ادا حق ہو یہ ممکن ہے کہاں
فضل ربی کی بدولت لکھ رہے ہیں نعت ہم
آفتاب نور ہیں فضل و کرم میں طور ہیں
اے نبیِ محترم ہیں آپ دریائے کرم
یا نبی دیدار کی لذت ہمیں بھی ہو نصیب
رحمۃ للعالمیں ہم پہ بھی ہو چشم کرم
خاتمہ بالخیر ہو رب سے دعا کرتا ہوں میں
نعت گوئی کے توسط سے ہے امّید کرم
فضل و جاہِ شاہِ بطحا کی ہے حد خوشدلؔ کہاں
تجھ سے کیا ممکن ہے توصیف شہ خیر الامم

***